Basque
Z
200

PAUL BROCA

SUR L'ORIGINE ET LA RÉPARTITION

DE LA

LANGUE BASQUE

BASQUES FRANÇAIS ET BASQUES ESPAGNOLS

PARIS
ERNEST LEROUX, ÉDITEUR
LIBRAIRE DES SOCIÉTÉS ASIATIQUES DE PARIS, DE CALCUTTA, DE NEW-HAVEN
(ÉTATS-UNIS), DE SHANGHAI (CHINE)
28, RUE BONAPARTE, 28

1875

(Extrait de la *Revue d'Anthropologie.*)

SUR L'ORIGINE

ET LA

RÉPARTITION DE LA LANGUE BASQUE

(Basques français et Basques espagnols)

Par M. Paul BROCA

---

§ 1. ANCIENNE EXTENSION DES LANGUES EUSKARIENNES

La langue basque ou euskarienne est la plus ancienne langue de l'Europe, la seule dont aucun indice ne fasse soupçonner l'origine étrangère, la seule par conséquent que l'on puisse appeler *autochthone*.

Toutes les autres langues européennes se rattachent à deux grandes familles linguistiques, la famille aryenne et la famille dite touranienne, l'une et l'autre originaires de l'Asie. Cette origine asiatique est complétement démontrée pour ce qui concerne les langues aryennes. Quant aux langues touraniennes de l'Europe (1), elles sont au nombre de quatre : le finnois, le lapon, le hongrois et le turc. Les deux dernières ont été importées d'Asie dans les temps historiques ; le lapon fait partie du groupe des langues ougro-altaïques avec lesquelles, il y a peu de siècles

---

(1) J'emploie à regret ce nom de *langues touraniennes*, contre lequel j'ai protesté sans succès depuis longtemps, et que rien ne justifie, pas même la ridicule invention du patriarche Tur, due à l'imagination fertile de M. Max Müller (Voy. mon mémoire sur la *linguistique et l'anthropologie* dans *Bull. de la Soc. d'anthropologie*, 1ʳᵉ série, t. III, p. 266 (1862.)

encore, il était en continuité; l'origine asiatique de la langue laponne, et j'ajoute de la race laponne, ne peut donc être méconnue. Reste le finnois; il est aujourd'hui séparé des limites de l'Asie par une grande étendue de pays de langue slave; mais on sait que la race finnoise, maintenant circonscrite dans une province de la Russie, occupait autrefois une aire beaucoup plus vaste; elle descendait vers le sud-ouest jusqu'à la Vistule; et on admet généralement qu'avant l'ère indo-européenne, elle s'étendait sur toute la largeur de la Russie, jusqu'à l'Oural et à la Caspienne. Tout permet donc de croire que la langue finnoise, comme les trois autres langues touraniennes de l'Europe, est d'origine asiatique.

Cela ne veut point [dire qu'on ait jamais parlé le finnois en Asie, mais seulement que le finnois est issu d'une langue venue de l'Asie.

L'introduction de cette langue en Europe date d'ailleurs d'une époque immensément reculée. Remonte-t-elle à l'époque de la pierre polie, ou à l'époque de la pierre taillée? On l'ignore. — On ignore encore si elle a été primitive ou consécutive, c'est-à-dire si la langue touranienne dont il s'agit avait formé la première couche linguistique des contrées européennes où elle se répandit, ou si elle y avait supplanté, remplacé et fait disparaître d'autres langues plus anciennes.

On ignore enfin jusqu'à quelles limites, vers l'ouest et vers le sud de l'Europe, s'étendit cette langue touranienne. Plusieurs auteurs ont admis qu'elle avait couvert toute l'Europe, qu'elle y avait régné sans partage jusqu'à l'époque des migrations aryennes, et que, successivement dépossédée par les langues à flexion, elle avait presque entièrement disparu, ne laissant d'autres témoins de son ancienne existence que la langue finnoise dans le nord-est, et la langue basque dans le sud-ouest. Cela impliquait la parenté du finnois et du basque, et on a vu effectivement quelques linguistes s'efforcer de découvrir entre ces deux langues des rapports de filiation; mais leurs efforts ont été vains, et il est reconnu aujourd'hui non-seulement que le basque n'est pas affilié au finnois, mais encore qu'il reste tout à fait en dehors de la famille des langues touraniennes.

On a cherché ailleurs les affinités de la langue basque; on a voulu tour à tour la rapprocher du berber, du copte ou même des langues de l'Amérique; mais aucune de ces hypothèses n'a pu prévaloir jusqu'ici, et dans l'état actuel de nos connaissances on doit considérer le basque comme une langue toute spéciale, qui n'appartient à aucune famille linguistique connue, ou plutôt qui forme à elle seule une famille distincte; et puisque cette langue n'existe qu'en Europe, puisque en outre il est impossible de lui assigner une origine étrangère, nous devons dire qu'elle est *autochthone*.

Expliquons toutefois la portée de cette qualification. Personne ne peut admettre qu'une langue qui n'est pas fixée par l'écriture et maintenue par une forte littérature, puisse se transmettre de génération en génération sans éprouver, au courant des siècles, de grandes altérations. Lorsqu'on voit ce qu'est devenu le latin après l'invasion des barbares, lorsqu'on retrouve à sa place, dès le XIIe siècle, les dialectes italiens, romans et espagnols, on comprend que la langue des basques doit différer considérablement de celle que parlaient leurs ancêtres préaryens. Ce n'est donc pas à proprement parler au basque actuel que peut s'appliquer l'épithète d'autochthone, mais à la langue perdue dont il est issu et qui n'a pu survivre jusqu'à nos jours qu'en subissant des modifications profondes.

J'ai dit que le basque forme à lui seul une famille linguistique distincte; ceci demande encore quelques mots d'explication. Une famille linguistique est constituée par un groupe de langues mortes ou vivantes, présentant entre elles, au milieu de leur diversité, des caractères communs qui permettent de les considérer comme issues d'une même origine. Tel est le groupe des langues indo-européennes ou aryennes; tels sont encore celui des langues sémitiques, celui des langues touraniennes, etc. Ces groupes forment autant de familles, parce que chacun d'eux se compose d'un certain nombre de langues affiliées entre elles, et ces familles sont distinctes parce qu'on n'a pu jusqu'ici découvrir aucune preuve qu'elles soient dérivées d'une origine commune. Ainsi, ce qui caractérise une famille, c'est son isolement, quelque soit d'ailleurs le nombre des langues qui la composent; et de même qu'on peut trouver en histoire naturelle un genre réduit à une seule espèce, ou une famille réduite à un seul genre, de même on peut trouver en linguistique une famille réduite à une seule langue. C'est le cas du basque, car les cinq dialectes euskariens ne diffèrent entre eux que par des nuances très-légères, et ne font en réalité qu'une langue.

Cette situation isolée du basque constitue une exception très-rare, peut-être unique, à la règle commune. Le fait que toute langue est affiliée avec plusieurs autres est tellement général qu'on doit le considérer comme essentiellement lié aux lois de la formation et de l'évolution des langues. Une langue ne naît pas tout à coup, à un certain moment et en certain lieu ; elle se développe lentement, en poussant dans toutes les directions des rameaux qui se divisent et se subdivisent à leur tour, qui s'écartent d'autant plus les uns des autres qu'ils se prolongent plus loin dans le temps et dans l'espace, mais qui, dans leurs évolutions respectives, conservent encore l'empreinte de leur ancienne parenté. Telle est l'origine des familles linguistiques, et il résulte de leur mode de formation que chacune d'elles doit comprendre un grand nombre de langues. Ce serait donc une anomalie bien étrange et tout à fait inexplicable, s'il existait une langue entièrement isolée, une langue sans sœurs ni filles, qui, en se développant à travers les âges, en passant graduellement de l'état rudimentaire initial à l'état d'organisme complet et parfait, se serait transformée partout à la fois et de la même manière et aurait conservé depuis son origine jusqu'à nos jours son unité primitive. L'isolement du basque est dû à une toute autre cause. Cette langue s'est développée comme les autres; comme elles, elle a fait partie d'une famille plus ou moins nombreuse; et si elle reste seule aujourd'hui, c'est parce que ses congénères ont disparu. Ce phénomène est exactement comparable à celui que présentent en histoire naturelle les espèces dites isolées. Elles sont isolées sans doute au milieu des espèces actuelles, mais elles ne le sont que pour avoir survécu à des espèces congénères ou analogues, dont la paléontologie a retrouvé les débris.

Le basque, aujourd'hui circonscrit dans une région très-restreinte, forme, au milieu des langues aryennes qui l'entourent, un îlot comparable à ces sommets qui émergent encore au-dessus des eaux dans un pays inondé. Il nous apparaît donc comme le dernier représentant des langues que parlaient, avant l'ère indo-européenne, les habitants de cette région et des régions environnantes. Personne n'en doute, mais on discute sur la question de savoir quelle fut autrefois l'extension géographique du basque et de ses congénères.

Que cette extension ait dû être beaucoup plus grande autrefois qu'aujourd'hui, c'est ce que tout le monde admettait il y a quelques années, et je ne m'explique pas comment on a pu élever des doutes sur l'exactitude d'une opinion si évidente, je dirai même si nécessaire. Le territoire actuel du basque n'a que 45 lieues dans sa plus grande longueur, sur une largeur de 15 à 20 lieues, et ce n'est pas dans un espace aussi restreint qu'aurait pu se former et se développer une langue aussi compliquée, aussi parfaite, et en même temps aussi spéciale que le basque. Si l'on retrouvait ailleurs d'autres langues du même type, et si l'on pouvait ainsi attribuer la présence du basque à une importation étrangère, on comprendrait qu'il eût pu s'implanter, avec le peuple qui l'apportait, dans un petit coin de l'Europe occidentale, et s'y maintenir sous la forme d'un îlot très-circonscrit, comparable, par exemple, à celui que constitue, sur le bas Danube, l'idiome néo-latin de la Roumanie. Mais rien, je le répète, ne permet d'attribuer au basque une origine étrangère, et puisque, dès lors, nous devons le considérer comme autochthone, puisque en outre il représente à lui seul toute une famille linguistique, il nous est impossible d'admettre que cette famille ait pu naître, se développer, se ramifier, puis dépérir et perdre tous ses rameaux à l'exception d'un seul, tout cela dans le petit district montagneux qu'occupe aujourd'hui le basque. Une pareille évolution n'exige pas seulement beaucoup de temps; elle exige encore beaucoup d'espace. C'est une loi qui s'impose déjà à notre esprit, dès que nous attribuons aux langues une origine humaine, et qui se trouve démontrée *à posteriori* par l'observation des faits actuels non moins que par l'histoire du passé. Nous ne sommes donc pas sur le terrain de l'hypothèse, mais sur celui de l'induction la plus légitime, lorsque nous disons que les langues euskariennes ont dû nécessairement occuper une aire géographique bien plus étendue que le pays des basques actuels. Quand même les traces de cette ancienne extension seraient entièrement effacées, notre opinion conserverait toute sa force; pour l'ébranler, il faudrait réfuter les principes généraux sur lesquels elle repose, et c'est ce que n'ont pas tenté ceux qui la combattent. Ils ont argumenté avec plus ou moins de succès les preuves directes qu'on avait invoquées en sa faveur, et qui avaient été acceptées peut-être avec trop de facilité. Si la discussion tourne à leur avantage, il faudra dire que les langues euskariennes n'ont laissé aucune trace en dehors du pays basque, mais il ne sera pas permis d'en conclure qu'elles aient toujours été cantonnées dans ce petit territoire, attendu qu'une langue ne laisse pas nécessairement et indéfiniment son empreinte dans les lieux où elle a régné.

Lorsqu'une espèce animale ou végétale vient à s'éteindre, il en reste dans le sol des vestiges matériels qui peuvent échapper à la destruction pendant un temps illimité. Lorsqu'un peuple disparaît par extermination ou par absorption, les débris de son industrie, de ses habitations, de ses squelettes peuvent lui survivre, et révéler, après d'innombrables générations, son existence oubliée. Mais une langue qui n'a pas de monuments écrits ne laisse pas après elle de semblables témoins. Si la langue victorieuse daigne lui emprunter quelques mots, ce n'est que pour les défigurer, pour les rendre souvent tout à fait méconnaissables, et s'il arrive ensuite que cette seconde langue soit supplantée à son tour par une troisième, il n'y a plus aucune chance de retrouver dans celle-ci les traces de la première.

Il y a toutefois une catégorie de mots qui offrent une résistance particulière. Ce sont les noms géographiques. Le peuple étranger qui apporte avec lui une nouvelle langue, reçoit ces noms de la race indigène ; il ne les accepte pas tous, sans doute ; il en remplace un grand nombre par des noms empruntés à sa propre langue ; mais beaucoup d'autres se perpétuent au prix d'altérations plus ou moins graves, et ils peuvent être assez nombreux pour que quelques uns d'entre eux puissent survivre à un nouveau changement de langue. Mais que la langue change encore une fois, et la chance de survie deviendra de plus en plus faible. Ainsi, il est vrai de dire, avec Leibnitz, qu'on peut retrouver dans les noms géographiques les derniers vestiges d'une langue éteinte, mais ces vestiges ne persistent pas indéfiniment, et la superposition de plusieurs couches linguistiques finit tôt ou tard par les faire disparaître.

Il y a plus : ces noms géographiques que l'étranger vainqueur emprunte à la langue indigène, il les altère presque toujours dès l'origine en les adaptant à sa propre prononciation ; puis à cette première altération succèdent celles qui accompagnent, de siècle en siècle, les modifications graduelles du langage d'un peuple illettré, et auxquelles les noms de lieux sont particulièrement exposés. Qui pourrait aujourd'hui, sans le secours de l'histoire, reconnaître dans Lyon le nom de Lugdunum, dans Fréjus celui de Forum Julii, dans Saragosse celui de Cæsar-Augusta, etc.? Et cependant il n'y a eu dans ces lieux, depuis la conquête romaine, aucune révolution linguistique, mais seulement une évolution, ou si l'on veut, une décomposition spontanée résultant de la chute de la littérature latine.

Les noms géographiques n'échappent donc pas à l'action du temps ; au danger de la suppression totale qui les menace à chaque changement de langue, se joint celui des altérations séculaires qui peuvent les dénaturer au point de les rendre tout à fait méconnaissables. Ainsi, quand même on ne trouverait, en dehors du territoire basque, aucun nom géographique d'origine évidemment euskarienne, on ne pourrait rien conclure de ce résultat négatif, si ce n'est qu'il s'est écoulé beaucoup de temps depuis que les langues préaryennes de l'Europe occidentale sont confinées dans leurs limites actuelles.

Mais si ces langues avaient laissé des traces dans des lieux plus ou moins éloignés du pays basque, il en résulterait des conséquences pleines d'intérêt, au double point de vue de la linguistique et de l'anthropologie préhistorique.

Guillaume de Humboldt, qui inaugura ces recherches, il y a plus d'un demi-siècle (1), n'ignorait pas cette action dissolvante du temps que nous venons de signaler, aussi s'efforça-t-il de remonter le plus possible dans le passé, en étudiant de préférence les anciens noms de peuples et de lieux qui nous ont été transmis par les auteurs de l'antiquité. Il examina d'abord la géographie de l'Ibérie. Il trouva dans toutes les parties de cette péninsule, « sans exception, » un grand nombre de noms de lieux qui n'avaient rien de commun avec les langues aryennes et sémitiques, et qui, par leurs formes comme par leur étymologie, se rattachaient à la langue basque. Il en conclut que tous les peuples de la péninsule avaient autrefois parlé une seule langue, et que cette langue était le basque.

Appliquant alors le même procédé de recherches à d'autres régions de l'Europe occidentale, il admit comme certain que le basque avait régné dans toute la Gaule aquitaine, et comme probable qu'il s'était étendu en outre dans le sud-est de la Gaule, dans la Corse, la Sardaigne, la Sicile, peut-être même dans la péninsule italique.

Humboldt, comme la plupart de ses contemporains, comme

(1) On a dit que Humboldt avait été précédé dans ses recherches par Astarloa et de Erro. Ce n'est pas sérieux. Ces auteurs, faisant dériver du basque *toutes les langues de l'univers*, en faisaient naturellement aussi dériver les noms géographiques, non-seulement de l'Ibérie

quelques-uns des nôtres, ne distinguait pas l'idée de la langue de celle de la race. Tous les Ibériens, ne parlant d'après lui qu'une seule langue, ne devaient dès lors, avant l'invasion celtique, former qu'une seule race, et même un seul peuple, répandu dans toute la péninsule. C'était ce peuple qui s'était étendu en Aquitaine, dans le sud de la Gaule, dans les îles de la Méditerranée, peut-être même dans toute l'Italie, et qui avait importé sa langue, c'est-à-dire le basque, dans ces divers pays. Une pareille conclusion ne saurait être acceptée aujourd'hui par les anthropologistes, quand même la base linguistique sur laquelle elle repose serait certaine. Nous savons d'une part que la communauté de langage ne suffit pas pour établir l'unité de race, et nous savons en outre que, dans l'état de civilisation où se trouvaient les habitants de l'Europe occidentale avant l'époque indo-européenne, les conditions sociales à la faveur desquelles se constituent de grandes nations faisaient entièrement défaut. L'existence de ce grand peuple ibérique, assez puissant pour occuper toute la péninsule, assez homogène pour ne parler qu'une seule langue, est tout à fait inadmissible. Il est clair d'ailleurs que Humboldt n'était nullement autorisé à tirer cette conclusion de ses prémisses, car les analogies qu'il signalait entre les anciens noms géographiques et la langue basque actuelle ne pouvaient impliquer que la *parenté* et non l'*unité* des langues ibériennes. C'est par là surtout que sa doctrine a prêté le flanc aux critiques récentes. Mais ce qui constitue à nos yeux le principal défaut de cette doctrine fut peut-être dans l'origine la principale cause de son succès. Elle ramenait, en effet, l'ethnologie préhistorique du sud-ouest de l'Europe à une simplicité séduisante, qui entraîna les esprits.

Le petit livre de Humboldt *sur les habitants primitifs de l'Espagne* (1) parut en 1821. Il fut accueilli avec enthousiasme et il a joui jusqu'à ces dernières années d'une faveur presque constante. Les idées qui y étaient exposées furent adoptées par les historiens, avec ceci de plus que les vues présentées par l'auteur

---

mais encore de l'Egypte, de la Palestine, de l'Assyrie, etc., et il n'y a aucun rapprochement à établir entre leurs élucubrations purement fantaisistes et les études scientifiques de Humboldt.

(1) *Prüfung der Untersuchungen über die Urbewohner Hispanien's, vermittels der waskischen Sprache.* Berlin, 1821, in-8°. M. A. Marrast, d'Oloron, a donné en 1866, une traduction française de cet ouvrage célèbre, qu'il a enrichi d'intéressantes notes. (Paris 1866, in-8°.)

comme seulement probables ou comme douteuses, furent admises comme certaines. De ce nombre étaient celles qui concernaient l'ancienne extension de la langue ibérienne dans la Sicile et dans l'Italie méridionale. Humboldt avait appliqué sa méthode d'investigation avec la réserve que lui imposait une étude approfondie des caractères et des procédés de la langue basque. Quelques-uns de ses continuateurs y mirent moins de prudence. Ils purent croire qu'il suffisait de consulter un dictionnaire basque pour retrouver l'étymologie des noms géographiques, et de la sorte, en y mettant un peu de complaisance, ils purent aisément rapporter au basque ceux de ces noms dont l'origine n'était pas manifestement aryenne. Là où Humboldt n'avait fait que des rapprochements rares, ils les firent en grand nombre; là où il avait douté, ils affirmèrent. Ce fut ainsi que le savant Ampère, dans son *Histoire romaine à Rome*, put arriver à conclure sans hésitation que le basque avait été la langue préaryenne du Latium. Il n'en fallut pas davantage pour confirmer les vieilles traditions recueillies par quelques auteurs anciens et relatives au passage des Ibères en Italie. On sait que Thucydide, Denys d'Halicarnasse, Silius Italicus, ont parlé des Sicanes, premiers conquérants de la Sicile, comme d'un peuple ibérien venu en Italie à travers la Gaule méridionale, et que Thucydide, Festus Avienus, Étienne de Byzance donnaient aux Ligures la même origine. Ces vagues traditions, contredites par d'autres auteurs anciens et longtemps dédaignées par les historiens modernes, furent élevées à la hauteur de faits historiques, le jour où l'école de Humboldt parut leur donner une consécration scientifique. Elles ne tardèrent pas à s'imposer à l'anthropologie, et les partisans de la théorie ethnogénique de Retzius leur empruntèrent un de leurs principaux arguments.

D'après cette célèbre théorie, il n'y avait en Europe, avant les invasions aryennes, que des peuples brachycéphales, et par conséquent les Basques, derniers débris des populations préaryennes, devaient être brachycéphales. On le prouvait à l'aide de deux crânes brachycéphales et soi-disant basques qui étaient déposés dans le musée de Stockholm. C'était une base bien étroite pour une aussi vaste théorie, et lorsque je voulus y regarder de plus près il se trouva que les Basques espagnols sont au contraire en très-grande majorité dolichocéphales. Cette constatation, faite par moi sur le vivant, le compas à la main, dans la population de Zaraus (Guipuzcoa) et confirmée presque aussitôt par l'étude d'une grande série de 60 crânes que nous avions extraits, M. Velasco et moi, du cimetière de la même localité, pouvait paraître décisive. On répondit néanmoins que Zaraus avait pu être, à une époque inconnue, occupé par une colonie aryenne. Mais il fallut renoncer à cette fin de non-recevoir, lorsque M. Virchow eut démontré, devant le congrès international d'anthropologie et d'archéologie préhistorique (session de Paris 1867), que des crânes provenant de trois localités différentes de la Biscaye, étaient exactement semblables à ceux de Zaraus. Ce fut alors que les continuateurs de Retzius, ne pouvant plus tenir sur le terrain de la crâniologie basque, se retournèrent vers la Ligurie. Les Basques, disaient-ils, ne sont plus ibériens que par le langage; leur ancien type a disparu sous des croisements, mais les Ligures, peuple d'origine ibérienne, l'ont conservé; or, les Ligures étaient brachycéphales comme le sont encore leurs descendants actuels, donc les anciens Ibères et en particulier les anciens Basques l'étaient aussi.

De tous les arguments crâniologiques qui ont été invoqués à l'appui de l'hypothèse retzienne, l'argument des Ligures est le seul qui repose sur un fait réel, car il est bien vrai que les crânes des anciens tombeaux de la Ligurie sont brachycéphales. Mais ces brachycéphales venaient-ils de l'Ibérie? Nous en demandons la preuve, et c'est ici qu'on fait intervenir la théorie basque des successeurs de Humboldt, en affirmant que l'origine ibérienne des Ligures et des Sicanes est définitivement démontrée par l'étude des anciens noms géographiques.

Or, ces noms géographiques euskariens, dont on se sert pour prouver les migrations ibériennes, où les a-t-on signalés ? A part le nom même de la Ligurie, on les a vainement cherchés dans le pays des Ligures et dans l'Italie septentrionale. C'est dans l'Italie méridionale qu'on a cru les découvrir, et en assez grand nombre, dit-on, pour témoigner de l'origine ibérienne des Sicanes qui les y auraient apportés. Voyez pourtant la contradiction. On trouve en Italie deux choses que l'on fait venir de l'Ibérie: la brachycéphalie et la toponymie. Mais ces deux choses ne sont pas réunies ; la brachycéphalie n'est que dans le nord ; la toponymie euskarienne n'est que dans le sud. Là où l'on croit retrouver le type de la race ibérienne, on ne retrouve pas sa langue; là où l'on croit retrouver sa langue on ne retrouve pas son type. Ne serait-ce pas parce qu'on se serait trompé sur le type ou sur la langue, ou sur les deux à la fois? Ou ne serait-ce pas, en d'autres termes, parce qu'on aurait attribué à des migrations, d'ailleurs douteuses, des faits anthropologiques et linguistiques qui en sont indépendants?

Pour ce qui concerne le type, on fait simplement une pétition de principes. On nous dit: Les Ligures doivent venir d'Ibérie, puisqu'ils sont brachycéphales comme les Ibères, et il est bien sûr que ceux-ci devaient être brachycéphales, puisque les Ligures, qui l'étaient, venaient d'Ibérie. Ainsi, on prouve une première hypothèse à l'aide d'une seconde, qui ne repose que sur la première. Il n'y a de réel en tout cela que la brachycéphalie des Ligures, et quand même ceux-ci auraient dû leur nom à un peuple ibérique — ce que je ne nie pas, mais ce qui n'est pourtant pas démontré, — il n'en résulterait nullement que ce peuple migrateur eût supplanté anthropologiquement les peuples indigènes, et qu'il leur eût imposé son type en même temps que son nom. Or, ce type brachycéphale qu'on veut faire venir d'Ibérie, on ne le retrouve pas chez les Ibères d'Ibérie, et cela nous suffirait, quand même nous ne saurions pas qu'il a pénétré dans l'Europe occidentale par une toute autre voie. La race des brachycéphales *vrais* n'est pas autochthone dans cette région. Elle n'y existait pas à l'époque de la pierre taillée (1), elle ne s'y répandit que vers la fin de l'époque de la pierre polie. Elle y arriva par l'est, probablement par la vallée du Danube (?); elle s'étendit sur toute la haute Italie; elle forma une partie considérable de la population de l'ancienne Ombrie; elle se retrouve aujourd'hui presque pure dans la Savoie, dans le canton des Grisons; elle se retrouve encore dans la Bavière méridionale, dans une partie de l'Alsace et de la Lorraine; elle est restée prédominante dans la Lozère, dans l'Auvergne et jusque dans nos départements bretons. Vers le sud-ouest, enfin, elle est arrivée jusqu'au pied des Pyrénées, où nous la rencontrerons tout à l'heure, et de là sans doute, elle a pu envoyer quelques essaims en Espagne. Il est même assez probable qu'elle formait une partie des peuples celtes qui, vers le XVe siècle avant notre ère, envahirent l'Ibérie; mais elle n'y exerça qu'une faible

---

(1) Nos plus anciennes populations étaient toutes dolichocéphales. Une race au crâne moins allongé vint s'y joindre, vers la fin de l'époque de la pierre taillée; mais les brachycéphales *vrais*, ceux dont l'indice céphalique atteint le chiffre de 5/6 ou de 83.33 0/0, n'apparaissent, en France, que pendant la période de la pierre polie.

influence anthropologique, car, si l'on trouve aujourd'hui en Espagne un certain nombre de brachycéphales qui en sont probablement issus, on n'a encore signalé aucune province, ni même aucun district où ce type soit prédominant comme il l'est dans beaucoup de nos départements. Loin donc que l'Ibérie ait été le point de départ de la race brachycéphale de la Ligurie, elle a été au contraire la partie du sud-ouest de l'Europe où cette race est arrivée le plus tard, et où elle a eu le moins d'influence. En tous cas, les peuples brachycéphales qui purent pénétrer en Ibérie à l'époque de l'invasion celtique, ne peuvent être considérés comme les ancêtres des Ligures, puisque ceux-ci, au dire des auteurs qui ont parlé de leur migration, n'auraient gagné la Ligurie qu'après avoir été expulsés de leur patrie ibérique par les conquérants celtiques (1). Que ce peuple fugitif, refluant vers le nord puis vers l'est, sur le littoral de la Méditerranée, se soit arrêté dans la Ligurie, c'est possible; qu'il lui ait donné son nom, c'est possible encore; mais alors, il faut bien reconnaître qu'il n'a pas modifié d'une manière appréciable la race indigène, et qu'il s'y est promptement fondu, comme on le voit si souvent, puisque le type brachycéphale des peuples anciens et modernes de la Ligurie ne diffère pas de celui qui s'est répandu et qui est resté dominant jusqu'à nos jours, non seulement dans les régions voisines, mais encore dans des régions lointaines où personne encore n'a songé à envoyer des migrations ibériennes, ligures ou autres.

Pour ce qui concerne maintenant les noms géographiques plus ou moins euskariens que l'on signale dans l'Italie méridionale et dans la Sicile, et que l'on croit pouvoir expliquer par le passage des Sicanes, ils avaient paru incertains à Humboldt lui-même; depuis lors plusieurs des partisans les plus convaincus de sa doctrine, plusieurs de ceux qui n'hésitent pas à retrouver comme lui des noms à étymologie basque dans toute la péninsule ibérique et dans toute l'Aquitaine, ont élevé des doutes sur l'interprétation par le basque des noms géographiques de l'Italie, et ceux qui l'acceptent reconnaissent tout au moins que ces noms s'écartent beaucoup plus du basque que ceux de la toponymie ibérienne. Suivant eux, la haute antiquité de la migration des Sicanes et le peu de durée de leur domination dans l'Italie méridionale, expliquent

(1) Festus Avienus, vers 132-136

l'altération plus grande des noms qu'ils y ont laissés. Cela est possible sans doute, mais ce qui est possible aussi, c'est que les langues de la famille que représente aujourd'hui le basque aient couvert autrefois toute l'Europe occidentale, et que les vestiges de ces langues qui sont restés empreints dans des noms de lieux, datent des temps préaryens, sans qu'il soit nécessaire de les attribuer à des migrations plus ou moins problématiques.

Reportons-nous à l'époque qui précéda l'introduction des langues aryennes en Europe. Il y avait alors, dans cette partie du monde, des tribus nombreuses et des races diverses. Il y avait aussi, on ne peut se refuser à l'admettre, un grand nombre de langues qui devaient être très-différentes, mais qui étaient nécessairement plus ou moins affiliées entre elles. Reconnaissaient-elles une seule origine, ou plusieurs? ou en d'autres termes formaient-elles une ou plusieurs familles linguistiques? C'est une question qui ne sera probablement jamais résolue par une démonstration directe. Mais, là où les faits font défaut, on peut invoquer l'induction et l'analogie. Ces peuples ou plutôt ces tribus incivilisées de l'Europe préaryenne vivaient dans des conditions comparables à celles que l'on observe encore aujourd'hui dans l'Afrique tropicale, dans l'Amérique du nord, dans l'Amérique du sud, en Australie, où nous voyons, de peuplade à peuplade, se succéder des langues parfois très-différentes, mais affiliées avec leurs voisines, et par celles-ci avec celles qui sont plus éloignées, de telle sorte qu'une famille de langues occupe toujours une aire très-étendue, quand elle n'occupe pas un continent tout entier. Il doit paraître probable, d'après cela, que la famille des langues autochthones, dont le basque est aujourd'hui le seul représentant, devait avoir une grande extension géographique, qu'elle occupait toute l'Europe occidentale, et qu'elle s'étendait sans doute vers l'est, à travers l'Autriche et l'Allemagne jusqu'à la limite inconnue où s'arrêtaient les langues touraniennes.

Cette hypothèse, que rien ne vient contredire, explique les faits d'une manière satisfaisante. Les langues aryennes, qui s'introduisirent de l'est à l'ouest, à travers la Russie méridionale (et sans doute aussi à travers les Dardanelles) séparèrent d'abord les langues autochthones des langues touraniennes, puis empiétèrent de plus en plus sur elles, refoulant celles-ci vers le nord, celles-là vers l'occident; et de même que la limite des langues touraniennes recula peu à peu jusqu'à la Finlande, de même celle des langues autochthones se replia lentement jusqu'à la région des Pyrénées. Celles de ces langues qui disparurent ne périrent pas toutes à la fois, mais l'une après l'autre, à mesure que l'invasion des langues aryennes faisait des progrès. On conçoit ainsi qu'elles aient dû s'éteindre d'abord dans l'est et dans le centre de l'Europe, région que les peuples aryens durent nécessairement traverser avant de gagner l'occident, — puis dans la région du nord-ouest où se rendirent, avant de se diriger vers le sud, les peuples de langue celtique, qui formèrent, comme on sait, le premier ban des migrations aryennes ; on conçoit encore que ces langues aient pu se maintenir dans l'Italie méridionale plus longtemps que dans l'Italie septentrionale, puisque c'est par le nord que les aryens pénétrèrent dans cette péninsule, — et qu'elles aient trouvé leur dernier refuge dans l'Ibérie, plus éloignée du courant asiatique. Enfin, les noms géographiques, derniers vestiges de ces langues, ayant eu d'autant plus de chances d'être remplacés, ou d'être dénaturés au point de devenir méconnaissables pour nous, qu'ils ont eu à subir plus longtemps l'action dissolvante des langues victorieuses, on comprendrait aisément pourquoi l'école de Humboldt n'aurait retrouvé ces noms que dans l'Ibérie et l'Aquitaine, d'une part, dans l'Italie méridionale et la Sicile, d'autre part, et pourquoi ils seraient à la fois plus nombreux et plus caractéristiques dans la première région que dans la seconde.

J'ai parlé jusqu'ici comme si la doctrine de Humboldt et de ses disciples était solidement établie, mais je dois dire maintenant qu'elle a donné lieu, surtout dans ces dernières années, à de vives contestations ; on a élevé contre elle des objections de divers ordres dont les unes tendent seulement à en restreindre la portée, tandis que les autres l'atteignent dans son ensemble, soit en la mettant en contradiction avec l'histoire, soit en attaquant les bases linguistiques sur lesquelles elle repose.

Les objections simplement restrictives concernent l'extension des peuples ibériques et de leur langue en dehors de l'Ibérie et de l'Aquitaine. Elles font ressortir le peu de valeur des arguments historiques ou linguistiques à l'aide desquels on a voulu prouver que les Ibères, dans leurs migrations sur terre et sur mer, avaient colonisé le sud-est de la Gaule, la Ligurie, l'Italie et les trois grandes îles de la Méditerranée. Mais elles laissent subsister l'*ibérisme* proprement dit, c'est-à-dire la doctrine exprimée dans les trois propositions suivantes : 1° Les Ibères formèrent autrefois un grand peuple qui occupait à lui seul toute la péninsule ; 2° ce peuple ne parlait qu'une seule langue; 3° cette langue était le basque.

Les autres objections sont bien autrement menaçantes, puisqu'elles mettent en question toute la doctrine de l'ibérisme.

On nie d'abord qu'il y ait jamais eu en Espagne et même en Europe, un peuple portant le nom d'*Ibères*. Graslin, qui souleva cette objection en 1838 (1) et dont la savante argumentation a été reproduite en 1869 par M. Bladé (2), s'efforça de prouver que les noms de *Spanie* et d'*Hispanie* ont été antérieurs à celui d'*Ibérie*, sous lesquels les Grecs désignèrent la péninsule à partir du v° siècle avant notre ère ; ce nom d'Ibérie, dérivé de celui du fleuve *Ibérus* (Èbre), et limité d'abord à la côte occidentale, aurait ensuite été étendu à toute la péninsule hispanique, et on aurait alors pris l'habitude d'appeler Ibères les peuples connus ou inconnus qui l'habitaient; mais aucun de ces peuples, très-nombreux et très-divers, n'aurait porté le nom d'Ibères. Si l'un d'eux, et le plus célèbre de tous, s'appelait *Celtibères*, ce n'était pas, comme on l'admet généralement, parce qu'il résultait du mélange des Celtes et des Ibères, mais parce qu'il provenait de *Celtes* établis sur les bords de l'Ibérus. Les auteurs que je viens de citer en ont conclu que tout l'édifice de l'ibérisme reposait sur le nom d'un peuple imaginaire, et que tout ce qu'on avait pu dire des Ibères, de leur puissance, de leurs migrations, de leur unité politique, ethnique et linguistique, était par là même réduit à néant. Mais, sans discuter la valeur très-inégale des divers arguments qu'ils ont invoqués, je ferai remarquer que leur conclusion va bien au-delà de leurs prémisses, car on pourrait s'être trompé sur le vrai nom du peuple ibérique sans que l'histoire de ce peuple fût fausse pour cela. Les peuples dont l'histoire n'a été écrite que par des étrangers ont donné lieu fréquemment à ces confusions de noms. Suffira-t-il, par exemple, de savoir que l'Abyssinie ne s'est jamais appelée Éthiopie pour rejeter tout ce que l'on a écrit jusqu'à la fin du dernier siècle sur l'histoire de ce pays? Les contestations aux-

---

(1) L. F. Graslin, *de l'Ibérie, ou Essai critique sur l'origine des premières populations de l'Espagne.* Paris 1838. 1 vol. in-8°. Voir surtout les chap. I à VI.
(2) J. F. Bladé, *Etudes sur l'origine des Basques.* Paris 1869, 1 vol. in-8°, 1ʳᵉ partie chap. III et IV.

quelles peuvent donner lieu les noms d'*Ibérie* et d'*Ibère* ne prouvent donc rien contre l'ibérisme.

Mais il en est autrement des objections empruntées à l'histoire et à la linguistique. L'existence d'une grande nation ibérienne, une par la nationalité et par le langage, et maîtresse, avant l'époque celtique de toute la péninsule (ce qui ne s'est jamais vu depuis) ne peut supporter le plus petit examen. Elle n'est compatible ni avec les lois générales du développement des sociétés, ni avec l'état dans lequel se trouvaient les populations de l'Ibérie au début de la période historique. Elles étaient alors fractionnées en un grand nombre de peuples, et on sait même que ceux-ci ne parlaient pas tous la même langue, que dans la Bétique, par exemple, les Turdétans avaient un idiome spécial. C'est ce qui a fait naître chez les critiques modernes le besoin, non-seulement de contrôler l'exactitude des faits linguistiques invoqués par Humboldt, mais encore de discuter la valeur de sa méthode de recherches. Parmi eux nous devons citer en première ligne MM. Bladé, Julien Vinson et Van Eys. Ce dernier surtout a fait ressortir, dans un travail récent (1), les dangers de la méthode étymologique dont Humboldt s'est servi pour faire dériver du basque une grande partie de la toponymie ibérienne.

Je déclare tout d'abord que je n'ai pas de compétence pour intervenir dans ce débat, n'ayant aucune connaissance de la langue basque. Je demanderai donc seulement la permission de présenter quelques remarques générales. Il est parfaitement certain que la linguistique n'est devenue une science positive que depuis qu'on a substitué à l'étude pure et simple des mots, celle des lois qui procèdent à l'évolution de ces organismes changeants, et depuis surtout qu'on a fait reposer le parallèle des langues sur l'analyse des formes grammaticales qui fournit les caractères les plus permanents et les plus décisifs. C'est donc à bon droit qu'on signale comme tout à fait trompeurs entre les mains des simples amateurs d'étymologies, et comme incertains même entre les mains des savants, les procédés de dérivation étymologique qui furent pendant longtemps la base presque exclusive des théories linguistiques. Ces procédés, à l'aide desquels ceux que l'on appelle à tort les prédécesseurs de Humboldt ont cru prouver l'universalité de la langue basque, Humboldt lui-

---

(1) Van Eys, *La langue ibérienne et la langue basque*, dans *Revue de linguistique*, juillet 1874, t. VII, p. 1.

même les a repoussés, et il ne faut pas que le souvenir des égarements qu'ils ont produits pèse sur la discussion actuelle.

De ce que les mots s'altèrent aisément, surtout en passant par une prononciation étrangère, est-il juste de conclure qu'ils ne puissent conserver pendant de longs siècles une empreinte caractéristique ? Cette empreinte peut être diverse dans sa nature ; elle peut se retrouver dans la physionomie des mots, dans leur structure, dans l'analogie des sons, et enfin dans l'étymologie qui, appliquée aux mots dont le sens est connu, peut atteindre quelquefois un degré de probabilité voisin de la certitude, mais qui devient très-problématique lorsqu'il s'agit des noms géographiques, dont la signification est presque toujours conjecturale.

C'est surtout contre la partie étymologique des recherches de Humboldt que les critiques modernes ont été dirigées. On fait à ce savant le reproche d'avoir écrit sur le basque sans le connaître suffisamment. Ce reproche me touche peu, lorsque je vois que les baskisans actuels se le font souvent entre eux. Je sais que les études euskariennes ont fait depuis cinquante ans de notables progrès; Humboldt ne pouvait pas savoir ce qu'on a trouvé depuis lui, mais ses contemporains ont tous reconnu la haute compétence d'un homme qui joignait à une connaissance très-solide de la langue basque, celle de tout ce qu'on savait alors sur les principes généraux de la linguistique ; et s'il a dû commettre un certain nombre d'erreurs ou de confusions, que l'on signale aujourd'hui, il me paraît peu probable que toutes les étymologies qu'il a données soient illusoires. Je ne me permettrai pas d'en dire davantage à ce sujet, mais je ferai remarquer que la méthode de Humboldt n'était pas purement étymologique ; elle était aussi comparative. Les noms géographiques ont presque toujours, dans l'origine, une signification et par conséquent une étymologie; celle ci toutefois peut être ensuite masquée par une altération relativement légère, même par le changement d'une seule voyelle, ou d'une seule consonne. On ne peut plus alors procéder que par approximation, et on voit quelquefois proposer pour un seul nom plusieurs étymologies également conjecturales. Mais, alors même que l'étymologie d'un nom est devenue incertaine, il peut conserver une physionomie, une forme générale, une consonnance en rapport avec la langue dont il provient. « Nous aurons soin, dit Humboldt, de comparer l'impression produite sur l'oreille par ces anciens noms de lieux avec le caractère harmonique de la langue basque. Un moyen efficace de prouver son existence en Espagne dès la plus haute antiquité, sera la conformité de ces anciens noms avec ceux des provinces où l'on parle le basque aujourd'hui. Cet accord montrera. *même lorsque le sens d'un mot demeurera ignoré*, que des circonstances analogues ont tiré d'une même langue les mêmes noms pour différents lieux (1). »

Ce n'est donc pas seulement par l'étymologie que Humboldt a cherché à reconnaître l'origine des noms géographiques; il y a joint dans beaucoup de cas la comparaison de ces noms avec ceux dont l'origine basque est rendue, sinon absolument certaine, du moins infiniment probable par le fait qu'ils désignent des lieux situés dans la Vasconie même. Ce dernier procédé ne saurait être aussi général que l'autre, car alors même que l'on admettrait l'opinion de l'auteur sur l'unité de l'ancienne langue ibérienne, on ne pourrait s'attendre à trouver qu'une assez faible proportion de noms géographiques communs à la Vasconie et au reste de l'Ibérie, et la proportion de ceux qui auraient conservé leur ressemblance, malgré le temps et les influences étrangères, devrait être bien plus faible encore; mais par cela même, les cas où la ressemblance a persisté acquerraient beaucoup d'importance.

Or, je ne vois pas que les critiques modernes se soient préoccupés de cette partie des recherches de Humboldt. On a contesté, par exemple, que tels ou tels noms du pays des Turdétans, dans la Bétique, pût dériver de telle ou telle racine basque; on l'a fait peut-être avec raison, je n'en suis pas juge; mais si ces noms se retrouvent chez les peuples Vascons, je n'ai pas besoin de savoir ce qu'ils signifient pour constater leur similitude ou leur identité, et pour reconnaître que cette coïncidence n'est pas fortuite. Il y avait chez les Turdétans une ville nommée *Asta*. Il est possible que ce nom ne dérive pas de *aitza*, qui veut dire rocher, en basque; il n'en est pas moins identique avec *Asta*, qui existe aujourd'hui dans la Biscaye, au milieu de toute une série de noms commençant par *ast*. Que le mot *Osca* dérive ou non de *Euskes*, qui est le nom le plus général des peuples euskariens, et que *Menosca* signifie ou non « le mont Osca, » l'existence de

---

(1) Trad. Marrast, déjà citée, p. 18 et 19.

deux *Osca* dans la Bétique, d'un troisième dans le nord, chez les Vescitaniens, et l'intervention fréquente du même mot dans des noms composés tels que *Ileosca*, *Ilosca*, *Menosca*, ne peuvent être attribuées au hasard ; il fallait que *osca* eût une signification, comprise, à une certaine époque, depuis le rivage des Vardules (Guipuzcoa) jusqu'aux bords du Bætis. Je ne cherche pas si le nom de *Calaguris* chez les Ilergètes (aujourd'hui Lohare), peut s'expliquer aisément par le basque ; mais je constate que ce nom est identique avec celui de *Calaguris* (aujourd'hui Calahorra), ville principale des Vascons, qui y soutinrent un siége mémorable (1). Ces noms, reproduits sous des formes identiques (2) dans la Vasconie et dans le reste de l'Ibérie, ne pouvaient être bien nombreux, mais il y en avait d'autres qui, sans être identiques, étaient assez semblables pour révéler une origine commune. Ainsi *Ispaturgi*, dans la Bétique, et *Ispater*, dans la Biscaye actuelle ; *Bilbilis*, en Celtibérie, et *Bilbao*, capitale de la Biscaye. Il y a d'autres cas où l'analogie des noms découle de leur physionomie générale plus encore que de la communauté de certaines syllabes. Qui ne serait frappé de la ressemblance de *Ilurbida*, ville des anciens Carpétans, entre le Douro et le Tage, et de *Iturbide*, nom actuel d'une célèbre famille basque ? Je ne cherche pas ce que peut signifier, au point de vue étymologique, la différence de l'*l* au *t* dans la seconde syllabe, mais je compare ces deux noms, qui sont évidemment composés, et je ne puis me refuser à admettre qu'ils ont été fabriqués par les mêmes procédés, et dans des langues dont le caractère harmonique était le même.

Je ferai la même remarque sur *Illiberis*, ville de la Bétique, dont le nom, d'après Humboldt, signifie « ville neuve. » Fort

---

(1) Il y avait en Aquitaine une troisième ville appelée *Calagorris*, mentionnée dans l'itinéraire d'Antonin comme l'une des stations qui conduisait de *Tolosa* à *Lugdunum Convenarum*. D'après les distances marquées sur l'itinéraire, d'Anville a placé cette ville à Cazères, entre Toulouse et Montrejeau. Elle se trouverait ainsi à 36 kil. à vol d'oiseau de St-Bertrand-de-Comminges, qui occupe aujourd'hui l'emplacement de Lugdunum ; elle en serait plus rapprochée de 2 kil. environ si elle correspondait au village de Martres, comme l'admettent les auteurs du *Dict. archéologique des Gaules*. Comme on ne connaît pas l'époque où *Calagorris* fut fondée, on peut se demander si ce nom ne fut pas importé d'Hispanie par les prisonniers ibériens que Pompée transplanta à Lugdunum sous le nom de *Convenæ*. Rien ne le prouve, et il paraîtra même peu probable que les *Convenæ* aient pu fonder une ville à 34 ou 36 kil. du lieu fixé pour leur résidence. Il suffit toutefois que la question soit douteuse pour qu'on ne puisse invoquer cet exemple comme une preuve de l'ancienne extension des langues ibériques.

(2) Je signale encore l'identité de Iluro, ville de droit romain sur la côte orientale au nord de Barcelone, et de Iluro (Oloron), dans le Béarn, à six kilomètres de la limite actuelle de la langue basque.

de cette étymologie basque, qui est aujourd'hui contestée, il n'a pas jugé nécessaire d'insister plus longtemps sur le nom d'*Illiberis*, qui mérite cependant une attention particulière, car il fournit une preuve indépendante de la question d'étymologie.

Illiberis était en premier lieu, comme on vient de le voir, une ville de la Bétique, chez les Turdétans. Pline écrivait ce nom *Iliberi*, Ptolémée, *Iliberis*, et d'Anville, d'après d'autres sources, l'a écrit *Eliberis*. Le même nom se retrouve deux fois dans la Gaule narbonnaise, au pied des Pyrénées. Il désignait, au dire de Strabon, une ville et un petit cours d'eau. Pline, qui ne parle que de la ville, la nomme *Illiberis* (1); Mela qui ne parle que de la rivière, la nomme *Eliberi*, et Strabon enfin, qui les mentionne toutes deux, les nomme l'une et l'autre *Ilybirris* (Ἰλυβίρρις). Sous ces variations de l'orthographe, on reconnaît aisément le nom de l'*Illiberis* de la Bétique. (Il y a dans la même région une ville qui s'appelle maintenant Collioure, et dont l'ancien nom était *Cocoliberi*). Enfin, en Aquitaine, la cité des Auscii, Auch aujourd'hui, *Augusta* ou *Ausci* sous les Romains, s'appelait primitivement *Elimberris* (2). Les variations de ce nom s'expliquent par l'altération qu'il a subi sous la plume des écrivains grecs et latins, et sans doute aussi par la différence des prononciations usitées sur les lieux mêmes, et s'il existait aujourd'hui dans le pays basque, il ne pourrait évidemment y être identique avec aucune des formes précédentes. Or, je trouve les onze noms suivants dans les grandes cartes des provinces d'Espagne, publiées par le colonel du génie Francisco Coello, avec le concours de don Pasquale Madoz. Dans l'Alava, trois *Ullibarri*, puis *Ullivari*, *Ullivarri*, *Uribarri* et *Ollabarre*. Dans la Navarre, à l'ouest d'Estella: *Ulibarri*, *Mendilibarri*, *Ollobarren*, puis *Iriberri* au sud de Pampelune, dans la vallée d'Orba. Plusieurs de ces localités (voy. la carte annexée à ce travail) sont situées en dehors de la limite actuelle de la langue basque, mais elles en sont très-rapprochées et font partie de la zone où l'on parlait encore le basque il y a 50 ans.

---

(1) *Illiberis, magnæ quondam urbis tenue vestigium* (Pline, lib. III, cap. v. de l'édit. Littré.) Cette ville fut plus tard appelée Helena et se nomme aujourd'hui Elne (Pyrénées-Orientales).

(2) D'Anville a écrit *Climberris* d'après une édition fautive de la carte de Peutinger; dans la bonne édition, calquée sur l'original par Von Scheyb, on lit *Eliberre*, et dans plusieurs manuscrits de Mela on lit *Elimberrum* à l'accusatif (Walckenaer, *Géogr. des Gaules*, Paris 1839, in-8°, t. 1, p. 287).

Ici encore, comme dans le groupe ancien, la prononciation et l'orthographe varient, mais il me paraît évident que tous ces noms, quoique diversement dénaturés, ont la même structure fondamentale et la même étymologie. Leur répétition fréquente serait inexplicable s'ils étaient vides de sens ; que leur signification soit douteuse, qu'elle soit oubliée chez les Basques actuels, que même ces noms aient pu être donnés quelquefois par imitation, sans qu'on eût l'intention d'y rattacher une idée particulière, tout cela est possible ; je laisse aux baskisants le soin de le décider ; mais ces quatre syllabes, toujours combinées dans le même ordre, ont dû nécessairement, au moins dans l'origine, signifier quelque chose ; et les noms qu'elles forment n'ont pu se constituer que chez des peuples parlant des langues affiliées d'assez près les unes avec les autres. Or, le groupe de la Vasconie actuelle était évidemment basque, et on peut en induire que le groupe ancien émanait de langues très-analogues au basque, et que par conséquent, à une certaine époque, ces langues euskariennes s'étaient étendues, au sud jusque dans la Bétique, au nord jusque dans l'Aquitaine.

Je suis loin de conclure avec Humboldt que « toutes ces langues n'en faisaient qu'une, laquelle était le basque. » L'unité de langage dans une aire aussi étendue, et chez des peuples à demi sauvages, n'est pas admissible ; et l'identité de la prétendue langue ibérique avec le basque actuel, qui a nécessairement beaucoup changé, est plus inadmissible encore. L'étude des deux groupes de noms que je viens de citer pourrait déjà faire naître des doutes sur cette identité. Le groupe moderne et le groupe ancien me paraissent différer autrement que par l'orthographe. Dans l'ancien groupe, nous ne trouvons que les voyelles *i* et *e*, dans le groupe moderne, nous trouvons encore les voyelles *a*, *u* *o*. C'est quelque chose d'analogue aux différences que présentent aujourd'hui, dans les pays néo-latins, les noms si fréquemment répétés de *Villeneuve*, *Villenave*, *Villanova*, *Villanuova*, identiques par leurs radicaux et par leur mode de composition, mais divers par la prononciation. Nous savons d'ailleurs par le témoignage de Strabon que les nations ibères ne parlaient pas toutes la même langue. « Comparés aux autres Ibères, dit-il, les Turdétans sont réputés les plus savants ; ils ont une littérature, des histoires ou annales des anciens temps... Mais les autres nations ibères ont aussi leur littérature, disons mieux, leurs littératures, puisqu'elles ne parlent pas toutes la même langue (1). » M. Bladé, commentant ce passage, et le rapprochant des nombreux témoignages qui prouvent l'intervention de l'élément celtique chez un grand nombre de peuples de la péninsule, a cru pouvoir en conclure que les diverses langues ibériennes, à l'exception de celle des peuples de la Vasconie espagnole actuelle, étaient des langues celtiques. Graslin avait déjà soutenu une opinion analogue; mais aucun texte ne vient à l'appui de cette supposition. M. Bladé aurait dû se souvenir de deux passages de Strabon, qu'il a cités ailleurs, et qui constatent la différence des langues ibériennes et de la langue celtique. Parlant de l'ancienne division des peuples de la Gaule en Belges, Celtes et Aquitains, Strabon dit : « Les Aquitains, totalement distincts, non-seulement par la langue, mais encore par les caractères physiques, ressemblent aux Ibères plutôt qu'aux Gaulois. Quant aux autres peuples, qui ont l'aspect Gaulois, ils ne parlent pas tous absolument la même langue, mais leur langue varie peu. » Et plus loin il répète : « Les Aquitains diffèrent des peuples de race gauloise (τοῦ γαλακτικοῦ φύλου) et par leur constitution corporelle et par leur langue; il ressemblent plutôt aux Ibères (2). »

Ainsi Strabon, à qui nous devons de savoir qu'on parlait plusieurs langues en Ibérie, nous apprend en outre, d'une part, que ces langues étaient analogues à celle des Aquitains (et non pas identiques, comme l'admettent les ibéristes), d'une autre part qu'elles différaient entièrement des langues celtiques. Et il n'y a pas lieu de s'en étonner. L'invasion des Celtes en Ibérie avait sans doute produit dans la péninsule des changements politiques considérables ; il en restait des traces profondes à l'époque de la seconde guerre punique, c'est-à-dire plus de douze siècles après cet événement ; plusieurs peuples et bon nombre de villes, portaient encore des noms celtiques ; mais cela ne veut point dire que la race étrangère eût fait prévaloir sa langue sur celle des indigènes, et, en fait, aucun auteur n'a dit que les peuples les plus incontestablement celtiques de l'Ibérie parlassent une langue celtique. Pline rapporte, il est vrai (3), que les *Celtici*, peuple voisin

(1) Strabon. Livre III, chap. I § VI de la trad. Tardieu, t. I, p. 226. Paris 1867, in-12
(2) Je n'ai pas cru devoir suivre ici la traduction de M. Tardieu, parce qu'elle s'écarte quelque peu du texte, en ce qui concerne surtout le premier passage. Celui-ci se trouve tout au début du livre IV. Le second passage se trouve dans le § I du chap. II du même livre d'après les subdivisions adoptées par M. Tardieu.
(3) Pline, liber III. cap. III, n° 10 de l'éd. Littré.

de la Lusitanie, ont la même langue et les mêmes rites religieux que les Celtibères, et il en conclut qu'ils sont d'origine celtibérique; mais il ne dit pas quelle était la langue des Celtibères, et ce passage par conséquent ne prouve absolument rien, sinon qu'il y avait alors plusieurs langues dans l'Ibérie.

Au surplus cette question, à laquelle Graslin et M. Bladé ont attaché tant d'importance, est étrangère à la doctrine de l'Ibérisme. Humboldt, loin de méconnaître l'influence des Celtes sur la péninsule, a signalé l'origine celtique d'un grand nombre de noms de lieux ibériques; il s'est même contenté du passage de Pline, que je viens de citer, pour admettre que les Celtibères et les *Celtici* avaient conservé la langue des Celtes. Ce n'est ni à l'époque romaine, ni à l'époque celtique, mais à l'époque préceltique que les ibéristes font remonter l'extension et l'unité de la langue ibérique. Ils soutiennent que cette langue était la langue préaryenne de l'Ibérie et de l'Aquitaine, et leur thèse ne serait en rien gênée, quand même on prouverait qu'après les bouleversements qui suivirent l'invasion celtique, la langue celtique aurait supplanté la langue ibérique sur un grand nombre de points, et jusque chez les Cantabres, que Graslin s'est efforcé de rattacher aux peuples celtiques.

Je viens de passer en revue les principales objections qui ont été dirigées contre la doctrine de Humboldt. Celles qui concernent les noms des Ibères et de l'Ibérie, et la diffusion des peuples celtiques de la péninsule passent à côté de la question. Les autres sont valables sans aucun doute, si l'on prend l'ibérisme au pied de la lettre, si l'on considère que l'ancienne unité de la nation et de la langue des Ibères soit le point essentiel de la doctrine. Cette unité, dont il ne reste absolument aucune trace dans l'histoire, est en contradiction avec tout ce que l'on sait sur l'état à demi-sauvage où se trouvaient, au début des temps historiques, la plupart des peuples de la péninsule, et il n'est aucun anthropologiste qui puisse en admettre la possibilité. Mais il y a autre chose que cela dans la doctrine de Humboldt. Il y a cette opinion, à mes yeux fondamentale, que la langue basque est la plus ancienne des langues de l'Europe, et la seule qui soit européenne; que le peuple basque est le dernier représentant linguistique des populations primitives de l'Ibérie, de celles qui y existaient avant l'époque celtique, c'est-à-dire avant les premières immigrations dites aujourd'hui aryennes; qu'enfin ces populations *au-*

tochthones occupaient non-seulement toute l'Ibérie, mais encore d'autres parties du sud-ouest de l'Europe. Voilà la vraie doctrine de Humboldt, sa doctrine générale, qui, pour avoir donné lieu, dans l'application, à des erreurs manifestes, ne reste pas moins debout comme une vérité tellement démontrée aujourd'hui, qu'elle en est devenue banale. Reportons-nous au temps où elle fut émise; il n'y avait rien alors de plus ancien que les Celtes; l'archéologie préhistorique ne remontait pas plus loin, ou pour mieux dire, elle n'existait pas encore, car elle n'avait pas même commencé à classer les monuments et les objets antérieurs à l'histoire, et confondus alors sous l'épithète commune de celtiques. Ce fut donc une conception hardie, et dont la linguistique doit s'enorgueillir, que celle d'une époque pré-celtique, et d'une population *autochthone*, c'est-à-dire antérieure à toutes les migrations connues. Nous savons aujourd'hui, par l'archéologie préhistorique, par la paléontologie humaine, que, dans la plus grande partie de l'Europe occidentale et de l'Europe centrale, plusieurs races, plusieurs civilisations s'étaient superposées, à des intervalles d'une longueur immense, avant l'époque aryenne, et quoique la question, en ce qui concerne l'Espagne, soit encore obscure, nous pouvons hésiter à admettre que ceux que Humboldt appelle les autochthones de cette péninsule en aient été réellement les premiers habitants. Mais leur eût-il donné à tort cette qualification, il n'en aurait pas moins le mérite de nous avoir ouvert les portes de ce passé préhistorique, dont les découvertes de Boucher de Perthes ont indéfiniment reculé les limites.

Si maintenant je passe de la doctrine générale de Humboldt à l'analyse de son œuvre, je remarque qu'il suffit de substituer à l'idée d'un peuple unique et d'une langue unique celle d'un groupe de peuples parlant des langues affiliées entre elles, pour concilier tous les faits, pour faire accorder tous les témoignages et pour résoudre toutes les objections, même celles qui sont tirées de la linguistique. Ces dernières concernent l'interprétation *par le basque* de certains noms de lieux de l'Ibérie et de l'Aquitaine; non-seulement certains radicaux s'écartent notablement des mots basques dont on les a fait dériver, mais encore les procédés de composition des noms diffèrent souvent de ceux qui sont usités aujourd'hui dans le basque, et on en conclut avec raison que ces noms ne viennent ni du basque actuel, ni même de la langue des anciens Vascons ; mais cette argumentation n'est plus applicable au cas où les noms dont il s'agit proviendraient de langues simplement affiliées au basque, comme sont affiliées entre elles les langues aryennes, ou même affiliées de plus près encore, comme le sont les langues du groupe latin et néo-latin. La thèse de Humboldt resterait donc intacte, si, au lieu de dire la langue basque, ou la langue ibérique, il avait dit *les langues* de la famille basque, ou plus simplement les langues *euskariennes*.

Qu'il y eut en Ibérie plusieurs langues différentes, c'est ce que nous savons par les auteurs les plus dignes de foi, et par Strabon en particulier ; que ces langues fussent peu disparates, qu'elles formassent un groupe naturel et bien distinct, c'est ce qui résulte des deux passages déjà cités de Strabon. Cet auteur n'aurait pas pu dire que les Aquitains, par leur langue, se rattachaient aux Ibères plutôt qu'aux Gaulois, si les langues ibériques, qu'il savait être multiples, n'avaient pas eu une physionomie commune et des analogies assez évidentes pour frapper même les étrangers. Que le basque enfin, ou mieux la langue des anciens Vascons, fît partie de ce groupe ibérique, auquel appartenait aussi la langue aquitaine, c'est ce que la position géographique de la Vasconie rendrait déjà infiniment probable, quand même la similitude extrême, et parfois même l'identité des noms de lieux n'en fournirait pas la preuve, indépendante de toute étymologie. Quant au nom de ce groupe linguistique, il ne peut être emprunté qu'à la seule langue qui le représente aujourd'hui, c'est-à-dire à la langue basque ou euskarienne.

On peut conjecturer que les langues euskariennes ne formaient pas seulement un groupe limité à l'Ibérie et à l'Aquitaine, et que probablement, dès les temps préhistoriques, elle s'étaient étendues au loin, vers le nord et vers l'est. Mais ce qui n'est pas conjectural, c'est qu'à l'ouverture de la période historique, elles occupaient encore les régions comprises entre la Garonne et les colonnes d'Hercule.

§ 2. INTRODUCTION DE LA LANGUE BASQUE EN FRANCE

Les langues euskariennes avaient survécu à l'immigration celtique et à la domination carthaginoise, mais elle cédèrent sous la conquête romaine, et dans la plus grande partie de la péninsule hispanique elles furent supplantées d'abord par le latin, puis par les dialectes néo-latins. Cette substitution s'effectua partout où les peuples ibériens avaient accepté la domination et la civilisation romaines, mais les peuples adossés aux Pyrénées et à l'Océan cantabrique (golfe de Gascogne) conservèrent, avec leur farouche indépendance, la langue de leurs ancêtres.

Pendant ce temps, que s'était-il passé en Aquitaine? On admet généralement que, là aussi, les peuples sub-pyrénéens surent se soustraire à l'influence romaine, et que la langue ibérique de l'Aquitaine se maintint au sud de l'Adour, pendant que le latin triomphait partout ailleurs. Cette opinion, conforme aux faits qui se sont produits, dans des conditions analogues, sur l'autre versant des Pyrénées, se présente tout naturellement à l'esprit. Je pense cependant que la répartition de la langue basque en France, est due à une autre cause.

Les auteurs anciens, qui ont parlé de la résistance insurmontable des Vascons et des Cantabres, n'ont rien dit de pareil des peuples de l'Aquitaine méridionale. Il y eut sans doute, dans cette région, des luttes terribles entre les indigènes et les légions de Rome, mais celles-ci furent partout victorieuses, et rien ne prouve qu'une partie quelconque de la Gaule subpyrénéenne ait échappé à la domination romaine. Les conditions à la faveur desquelles la langue basque put se conserver en Espagne, n'existaient donc pas en Gaule, et il est dès lors permis de se demander si les résultats linguistiques furent les mêmes sur les deux versants des Pyrénées. Il semble même probable que la langue euskarienne aurait dû subir dans l'Aquitaine méridionale le même sort que dans le reste de l'Aquitaine, c'est-à-dire faire place, peu à peu, à la langue latine.

D'un autre côté, il y a un fait historique parfaitement établi, c'est que, vers la fin du ve siècle de notre ère, les rois Wisigoths d'Espagne, parvenus à l'apogée de leur puissance, entreprirent de soumettre ces Vascons belliqueux qui avaient résisté aux armes romaines. La lutte fut longue et sanglante; les Vascons, souvent vaincus, mais résistant toujours, perdirent une partie de leur territoire; ils perdirent même une fois Pampelune, leur capitale. Beaucoup d'entre eux commencèrent alors à émigrer vers le nord, à travers les Pyrénées, et s'établirent en grand nombre dans les vallées de la Soule et du Labourd. A ces immigrations partielles et paisibles, ou du moins peu violentes, succéda en 581 une véritable invasion. En Espagne, les Vascons se trouvaient aux prises avec les puissants rois Wisigoths, tandis que l'Aquitaine méridionale était mal défendue par les rois mérovingiens, qui résidaient au nord de la Loire et qui, affaiblis par leurs dissensions intestines non moins que par leurs partages continuels, n'exerçaient, sur les provinces du sud, qu'une domination presque nominale. Les guerriers vascons trouvèrent l'occasion favorable pour regagner dans l'Aquitaine ce qu'ils perdaient en Espagne; ils franchirent les Pyrénées et conquirent rapidement non-seulement tout le bassin de l'Adour, mais encore une partie de l'Aquitaine propre. Plusieurs fois vaincus par les Francs, ils durent reculer derrière l'Adour, mais ils s'y maintinrent, et, en 602, Thierry II, roi de Bourgogne, à qui était échue la souveraineté de l'Aquitaine méridionale, se décida à traiter avec eux. Il leur céda, moyennant hommage et tribut, le territoire qu'ils occupaient entre l'Adour et les Pyrénées, et ce territoire prit alors, du nom de ses nouveaux maîtres, le nom de *Vasconie* ou *Pays des Basques*.

La cession de territoire faite aux Vascons par Thierry II, fut confirmée quelque temps après par Dagobert.

Plus tard, l'indépendance de cette nouvelle province subit, au gré des événements politiques, diverses alternatives; mais il ne s'y est produit aucun mouvement ethnique depuis l'invasion des Vascons.

Cette invasion ne fut pas une conquête pure et simple. Ce ne furent pas seulement des guerriers qui s'établirent dans le pays conquis; nous devons admettre qu'ils y fixèrent aussi leurs familles. La proximité de leur pays d'origine rendait cette immigration inévitable, et les faits anthropologiques que j'ai pu constater ne s'expliqueraient pas autrement.

J'ai prouvé depuis longtemps que les Basques espagnols sont dolichocéphales. Les Basques français, au contraire, sont, en majorité, brachycéphales; ils appartiennent par conséquent à une autre race. Et comme aucun peuple brachycéphale n'est venu, pendant la période historique, s'établir dans la Vasconie française, ni aucun peuple dolichocéphale dans la Vasconie espagnole, on est obligé d'admettre que la différence de races que l'on constate aujourd'hui entre les deux branches du peuple basque, date des temps préhistoriques. Ce fut donc au milieu d'un peuple brachycéphale que les Vascons dolichocéphales vinrent s'établir au vi[e] siècle. Or, il résulte des relevés que j'ai publiés en 1868, d'après les mensurations pratiquées sur le vivant par M. le Dr Argelliès, de Saint-Jean-de-Luz, que la brachycéphalie est prédominante parmi les Basques français du pays du Labourd, mais que l'élément dolichocéphale y est toutefois représenté dans la proportion de 21 pour cent. En outre, l'étude de 57 crânes provenant de l'ossuaire de Saint-Jean-de-Luz et antérieurs au xvie siècle, m'a prouvé qu'à cette époque la proportion des dolichocéphales s'élevait à 29 pour cent. Le type dolichocéphale est donc moins commun aujourd'hui qu'il ne l'était il y a quatre ou cinq siècles; et nous ne saurions nous en étonner. C'est une loi bien connue, qu'à la suite d'un croisement en proportions inégales, la race croisée tend à revenir au type de la race la plus nombreuse. Lorsque l'inégalité numérique est très-grande, cette réversion est déjà achevée (sauf quelques cas d'atavisme), au bout de quelques générations; c'est ce qui a lieu invariablement à la suite d'une conquête ou d'une occupation purement militaire; la race étrangère alors, n'étant représentée que par des hommes, et par des hommes relativement peu nombreux, se fond promptement et disparaît au milieu de la race conquise. Mais lorsque les conquérants amènent avec eux leurs familles, et lorsque cette population nouvelle, quoique en minorité, s'élève à un chiffre proportionnel très-considérable, la réversion s'effectue avec une très-grande lenteur.

De ce que le retour au type brachycéphale n'est pas encore terminé aujourd'hui, après plus de 12 siècles, on peut conclure que les Vascons dolichocéphales s'installèrent avec leurs familles dans la Vasconie française, et qu'ils y formèrent moins de la moitié, mais plus du tiers de la population. Dans ces conditions numériques, la langue du peuple dominateur a toutes chances de supplanter celle du peuple envahi. Rien ne prouve donc que la langue des Basques français soit celle que parlaient dans le même lieu leurs ancêtres préhistoriques. Rien ne prouve que cette langue se soit maintenue en Aquitaine pendant toute la période romaine pour se perpétuer ensuite jusqu'à nos jours. L'invasion des Vascons au vi[e] et au viie siècles suffit parfaitement par expliquer la répartition actuelle de la langue basque en France.

L'argument que je viens d'emprunter à la crâniologie ne serait pas décisif si je n'ajoutais un renseignement de plus. On pourrait supposer, en effet, que l'élément dolichocéphale a pu être introduit dans le pays basque français par des étrangers autres que les Vascons. Mais l'examen comparatif des crânes de Saint-Jean-de-Luz et des crânes des Basques espagnols permet d'écarter cette hypothèse. J'ai déjà établi, dans un mémoire spécial, que les crânes dolichocéphales de Saint-Jean-de-Luz sont tout à fait semblables aux crânes du cimetière de Zaraus, dans la province de Guipuzcoa (1). La dolichocéphalie, dans les deux cas, est due surtout au développement de la partie postérieure du crâne, dont la région frontale est, au contraire, peu développée. La face est très-orthognathe, quelquefois même opisthognathe; les maxillaires supérieurs sont petits, les dents peu volumineuses. Enfin la protubérance occipitale est très faible, souvent même tout à fait nulle, même chez les hommes, et ce caractère coïncide avec une écaille occipitale très-bombée, qui déborde beaucoup en arrière la région cérébelleuse.

Les planches I et II annexées à ce mémoire permettent de constater à la fois l'existence des deux types chez les Basques de Saint-Jean-de-Luz, et la ressemblance de l'un de ces types avec celui des Basques de Zaraus. On y a reproduit la face et le profil de cinq crânes, et la *norma verticalis* de quatre d'entre eux. Les fig. 1 et 2 représentent un homme et une femme de Zaraus; les figures 3 et 4 représentent deux crânes dolichocéphales de Saint-Jean-de-Luz, qui rentrent l'un et l'autre dans le type de Zaraus. La fig. 5 et la fig. 6 montrent la face et le profil d'un homme brachycéphale de Saint-Jean-de-Luz; c'est le type qui prédomine chez les Basques français; on peut voir qu'il diffère entièrement de celui qui précède, et l'examen des *norma verticalis*, représentées sur les figures 7 à 10, confirme pleinement cette appréciation.

C'est donc bien de la race des Basques d'Espagne que proviennent les Basques français dolichocéphales, et il est difficile de ne pas attribuer cette importation à l'invasion des Vascons qui conquirent, au vi^e et au viie siècle, la Vasconie française, qui en restèrent définitivement les maîtres et qui lui donnèrent leur nom.

Je pense que l'introduction de la langue basque en France a eu lieu à la même époque, et a été la conséquence du même évé-

---

1. *Sur les crânes basques de Saint-Jean-de-Luz.* Dans le *Bulletin de la Société d'Anthropologie*, 2e série, t. III, p. 43-101. (Janv. 1868).

nement politique. Plusieurs raisons militent en faveur de cette opinion.

C'est d'abord la grande ressemblance des dialectes basques sur les deux versants des Pyrénées. Ces dialectes, dont le prince Louis-Lucien Bonaparte a fait l'objet d'une étude spéciale, sont assez nombreux, mais ils ne diffèrent pas plus les uns des autres que ne diffèrent les divers dialectes de notre langue d'Oc. C'est bien partout la même langue, et les Basques de la Soule comprennent parfaitement ceux de la Biscaye. Tous les Basques d'Espagne, de la Navarre au Guipuzcoa, du Guipuzcoa à l'Alava et la Biscaye, communiquent entre eux sans obstacle; ils ont eu une même histoire, une même destinée politique, une même nationalité; il est donc tout naturel que leurs dialectes soient très-peu différents. Mais les Basques français, séparés de leurs voisins d'Espagne par la haute chaîne des Pyrénées, qui ne s'abaisse qu'au voisinage de la mer, et qui partout ailleurs est infranchissable pendant une grande partie de l'année, sont en outre depuis longtemps séparés d'eux par une frontière politique, et si cependant leur langage, livré au caprice populaire, comme tous ceux qui ne sont pas fixés par une littérature classique, est resté très-semblable à celui des Basques espagnols, on peut en conclure que la séparation de ces deux langages ne remonte pas à une époque très-éloignée. Des diverses conjectures, qu'on peut faire à ce sujet, la plus probable est celle qui reporte le plus près de nous l'origine commune de deux rameaux si peu divergents, et l'explication du fait est bien plus plausible si l'on considère le Basque de France comme issu de la langue des Vascons, que si l'on suppose qu'il soit issu directement de la langue des anciens Aquitains.

Voilà ce que nous pourrions dire d'après l'état actuel des choses, quand nous n'aurions aucun renseignement sur le passé; mais nous n'en sommes pas là, et le témoignage de Strabon va rendre à peu près certain ce que les considérations précédentes ont déjà rendu vraisemblable. Souvenons-nous du passage, par deux fois répété, où cet auteur a dit que les Aquitains, par la langue et par la race, sont totalement *distincts* (τελεως εξαλλαγμενους) des autres peuples de la Gaule, et qu'ils ressemblent *plutôt* (μαλλον) aux Ibères. En négligeant le mot *plutôt*, les ibéristes ont entièrement dénaturé la pensée de Strabon; ils ont mis une ressemblance absolue là où il n'a signalé qu'une ressemblance relative, et ils lui ont fait dire que les Aquitains et les Ibères ne parlaient qu'une seule langue, lorsque, au contraire, il a dit ailleurs que les Ibères, à eux seuls, avaient plusieurs langues distinctes. Tout ce que l'on pourrait induire du texte de Strabon, en y mettant beaucoup de complaisance, c'est que la langue aquitaine pouvait ne pas différer des langues ibériques plus que celles-ci ne différaient entre elles; mais Strabon n'a même pas dit cela, il a dit seulement que le langage des Aquitains ressemblait *plutôt* à celui des Ibères qu'à celui des Gaulois, et comme il a commencé par établir une différence *totale* entre les Gaulois et les Aquitains, il n'est pas nécessaire que ceux-ci soient bien voisins des Ibères pour être rapprochés d'eux plus que les Gaulois. Le vrai sens de la phrase est donc que les Aquitains diffèrent moins des Ibères que des Gaulois. L'idée d'une différence entre les Aquitains et les Ibères se dégage nécessairement du texte, qui serait absurde sans cela. Dirait-on aujourd'hui que la langue des Genevois ressemble au français *plutôt* qu'à l'allemand? Ce serait absurde, puisque les Genevois parlent français; mais quand on nous dit que le patois béarnais est totalement distinct du basque, et qu'il ressemble plutôt à l'espagnol, nous comprenons aussitôt que le béarnais et l'espagnol sont deux langues différentes. Je ne cherche pas si la différence entre l'aquitain et les langues ibériques était aussi grande que celle qui existe entre le béarnais et l'espagnol; je constate seulement qu'elle était réelle et même assez notable; si ce n'eût été qu'une simple nuance comme celle que l'on observe entre les dialectes basques de France et d'Espagne, et que les baskisants seuls peuvent apprécier, Strabon n'aurait eu aucun moyen d'en être informé; il aurait dû croire nécessairement qu'on parlait la même langue sur les deux versants des Pyrénées, et il n'aurait pas écrit ce *plutôt* qui embarrasse aujourd'hui les ibéristes.

Il n'était pas inutile de commenter ici les paroles de cet auteur. C'est par lui *seul* que nous savons que l'aquitain était analogue aux langues ibériques. Si l'on récuse son témoignage, il ne reste plus aucune preuve historique de ce fait, il n'y a donc plus le plus petit prétexte pour admettre que la langue des basques français soit le reste de l'ancienne langue aquitaine; et si l'on accepte ce témoignage, on est obligé de reconnaître que l'aquitain différait des langues ibériques, qu'il en différait plus que le basque d'Espagne ne diffère du basque de France, qu'il est impossible par conséquent que celui-ci soit d'origine aquitaine puisque celui-là est d'origine ibérique.

Cet argument me paraît d'un grand poids. On pourrait objecter toutefois que Strabon ne connaissait peut-être pas toute l'Aquitaine, et que les Aquitains dont il parlait n'étaient peut-être pas ceux du pays basque actuel; que ces derniers parlaient peut-être la même langue que les Vascons, et qu'il n'est peut-être pas nécessaire d'attribuer à l'invasion vasconne du vi[e] siècle l'introduction de la langue basque en France. A ces fins de non-recevoir, je répondrai par un argument d'un ordre tout différent.

Il suffit de jeter un coup d'œil sur notre carte, pour constater l'exacte correspondance des deux lignes qui, en France et en Espagne, marquent la limite orientale de la langue basque. Ces deux lignes viennent aboutir rigoureusement sur le même point de la frontière franco-espagnole, à un défilé situé au pied du pic d'Anie. Cette coïncidence serait tout à fait extraordinaire si le basque de France n'était autre que l'ancien aquitain, refoulé et cantonné dans le sud-ouest, au même titre que le basque d'Espagne est une ancienne langue ibérique refoulée et cantonnée dans les territoires des Cantabres et des Vascons. De deux choses l'une, en effet, ou bien la limite orientale de la langue basque date de l'époque de la conquête et de la domination romaines, et marque la borne restée invariable depuis lors, où s'arrêta la langue latine, ou bien cette limite s'est produite ultérieurement par suite de l'empiétement graduel des langues néo-latines. Cette seconde supposition est tout à fait inadmissible, car l'empiétement graduel d'une langue sur sa voisine s'effectue par une sorte d'infiltration qui progresse, s'arrête ou reprend sa marche au gré de conditions toutes locales, et ce serait un hasard bien étrange, si, sur les deux versants des Pyrénées, deux langues différentes, le béarnais en France et le dialecte aragonais en Espagne, avaient cheminé simultanément de manière à porter leurs deux limites exactement sur le même point. La première supposition, qui fait remonter l'état actuel des choses à l'époque de la conquête romaine n'est pas plus acceptable, car la conquête de l'Aquitaine et celle de l'Ibérie ne furent pas simultanées; plus tard, sous l'empire, les affaires administratives et militaires de ces deux pays furent entièrement distinctes; et il n'y a absolument aucune raison pour que la latinisation se soit arrêtée, du côté de la Gaule, au point précis où elle s'arrêta du côté de l'Ibérie.

Tout s'explique au contraire très-bien si l'on attribue l'introduction du basque en France à l'invasion des Vascons. Ceux-ci, adossés à la partie occidentale de la chaîne des Pyrénées, maîtres de tous les défilés, de tous les *ports* (portes) qui conduisaient en Aquitaine, depuis la vallée de Roncal jusqu'à l'embouchure de la Bidassoa, débouchèrent par tous ces passages, et lorsque, après avoir porté leurs armes jusqu'à la Garonne, ils furent repoussés au sud de l'Adour, ils purent s'y maintenir grâce à ces mêmes passages qui établissaient des communications multiples entre eux et le gros de leur nation. Dans ces conditions, il est tout naturel que la Vasconie française se soit limitée, vers l'est, au point même où s'arrêtait la Vasconie espagnole, c'est-à-dire au pied du pic d'Anie, là où la vallée de Roncal donne accès sur celle du Gave de Mauléon.

On me permettra d'attacher quelque importance à cet argument géographique, car c'est précisément en vue du problème dont il donne la solution que j'ai entrepris, il y a plus de 10 ans, mes recherches sur la répartition de la langue basque. Mon premier voyage en Vasconie, au mois de septembre 1862, m'avait laissé l'impression que le type physique des Basques de France différait de celui des Basques d'Espagne (1), et il m'était déjà venu des doutes sur la question de savoir si ces deux populations appartenaient à la même race, si la communauté du langage était le résultat de leur commune origine ou d'une transmission ultérieure. L'ibérisme régnait alors sans partage. Je me trouvais en présence de cette opinion générale et en quelque sorte classique, que Vascons, Aquitains, Ibères, n'étaient qu'un même peuple, par la langue comme par la race, et qu'en France comme en Espagne, les limites du pays basque circonscrivaient un sol où la langue ibérique s'était toujours maintenue. Dans la première communication que je fis sur ce sujet à la société d'anthropologie, en novembre 1864, je n'osai pas contredire formellement l'opinion commune; je fis remarquer toutefois qu'en ce qui concerne la France, elle était hypothétique et qu'on pouvait

(1) V. mon 2e mém. sur les caractères des crânes basques dans *Bull. de la Soc. d'anthropologie*, 1re série, t. IV, p. 40. « Les Basques français diffèrent assez notablement des Basques espagnols et se rapprochent à certains égards de leurs voisins les Béarnais. » (Séance du 22 janv. 1863.)

lui opposer une seconde hypothèse; qu'on n'avait pas tenu compte de le conquête du bassin de l'Adour par les Vascons, au vi⁰ siècle; que ce fait historique important compliquait singulièrement le problème, et « qu'il était possible que la langue basque, autrefois dépossédée, eût regagné, par suite de la conquête vasconne, une partie du terrain qu'elle avait perdu depuis bon nombre de siècles (1). » Et j'ajoutais un peu plus loin : « La première hypothèse me paraît plus probable que l'autre, mais la question est évidemment très-controversable, et il est clair que, si l'on veut la résoudre, il faut avant tout commencer par déterminer avec précision les limites actuelles du basque (2). »

C'était donc de cette étude géographique que j'attendais la solution de la question que je soulevais, et on vient de voir que mon attente n'a pas été déçue. Mes études de 1867-1868 sur les caractères crâniologiques des Basques français ont sans doute contribué à me convaincre de l'importance ethnique de la conquête vasconne du vi⁰ siècle. Le mélange de races que je constatais prouvait suffisamment que les Vascons dolichocéphales de l'Espagne étaient venus s'établir en très-grand nombre au milieu des brachycéphales du pays basque français; mais j'aurais hésité peut-être à fixer la date de ce mélange, et à en déterminer la cause historique, si je n'avais déjà connu l'exacte coïncidence des deux lignes qui établissent, sur les deux versants des Pyrénées, la limite orientale de la langue basque (3). Grâce à ce précieux document, qui donnait à la Vasconie française toute l'apparence d'un pays conquis et conservé par les Vascons d'Espagne, à une époque postérieure à celle où la frontière orientale de leur langue s'était fixée sur la vallée de Roncal, je pus remonter des effets à la cause, et reconnaître toute l'importance de la conquête vasconne, dont l'influence anthropologique n'avait pas encore été signalée (4).

Il est juste d'ajouter que, dans le mémoire où j'exprimai cette opinion, je me bornai à étudier la question sous le point de vue

---

(1) *Bull. de la Soc. d'anthrop.*, 1ʳᵉ série, t. V., p. 820 (17 nov. 1864).
(2) Loc. cit., p. 821.
(3) Je n'avais encore que des renseignements incomplets sur la ligne basque espagnole, mais je savais du moins avec une entière certitude, depuis mon voyage dans les provinces basques, en septembre et octobre 1867, que cette ligne venait se continuer exactement, au pied du pic d'Anie, avec la ligne basque française.
(4) *Bull. de la Soc. d'anthropologie*, 2ᵉ série, t. III, p. 53-55 (*Memoire sur les crânes basques de St-Jean-de-Luz*, 23 janvier 1868).

des caractères physiques ; je n'invoquai pas l'argument tiré de la carte de la langue basque ; je le réservais pour le moment, que je croyais très-prochain, où je pourrais communiquer à la Société d'anthropologie cette carte, que j'avais promise dans la séance précédente (1), et où il ne restait que peu de lacunes ; mais les renseignements que j'attendais et que je reçus effectivement quelques jours plus tard n'eurent pas toute la précision désirable, et je ne pus tenir ma promesse. — Je n'eus donc pas l'occasion de présenter les preuves qui dès lors rendaient certaine pour moi l'origine étrangère et presque récente de la langue du pays basque français. Cette opinion, que je n'avais émise antérieurement que comme une hypothèse très-controversable, fut formulée affirmativement l'année suivante (1869), par M. Bladé (2). La forme dubitative sous laquelle je l'avais proposée permettait sans doute à l'auteur de ne pas me citer, mais je n'aurais pas la même excuse si je le passais à mon tour sous silence. Je reproduis donc le passage de son livre qui se rapporte à cette question : « Après la conquête romaine, dit M. Bladé, le latin devint graduellement la langue de toute la Novempopulanie jusqu'aux Pyrénées. Le fait nous est attesté par des auteurs des iv° et v° siècles de notre ère et par les monuments épigraphiques. On a vu plus haut que les Vascons s'établirent en Novempopulanie après l'occupation de l'Espagne par les Wisigoths, et aucun document historique ne prouve qu'avant cette époque on ait parlé basque en deçà des Pyrénées. » Tels sont les deux arguments sur lesquels l'auteur a fait reposer sa conclusion, et on trouvera peut-être qu'ils ne sont pas sans réplique. Il est bien vrai qu'aucun document connu ne constate l'existence de la langue basque *en France* avant l'invasion des Vascons, et qu'il en est fait mention pour la première fois dans la vie de saint Léon, apôtre et martyr à Bayonne, vers l'an 900. Mais M. Bladé, qui a réfuté longuement, et je pense avec succès, la prétendue antiquité des chants héroïques des Basques, a reconnu lui-même que le plus ancien témoignage de l'existence de la langue basque *en Espagne*, dans le propre pays des Vascons, ne remonte qu'au xii° siècle (p. 258) ; il n'a eu garde d'en conclure que le basque n'existât pas avant cette époque au delà des Pyrénées, et dès lors l'absence de renseignements sur la langue que parlaient, avant l'ar-

(1) Séance du 9 janv. 1868, p. 7.
(2) J. F. Bladé, *Etudes sur l'origine des Basques.* Paris, 1869, in-8°, p. 244.

rivée des Vascons, les habitants du pays basque actuel ne prouve absolument rien. Voilà pour le second argument de M. Bladé ; quant au premier, il m'est difficile d'en apprécier la valeur, l'auteur ne l'ayant appuyé d'aucune citation, ni même d'aucune indication. J'ignore donc quels sont « les auteurs du IVe et du Ve siècle de notre ère, et les monuments épigraphiques » qui attestent que le latin eût entièrement supplanté la langue aquitaine dans *toute* l'étendue de la Novempopulanie. J'ignore en outre si ces documents se rapportent spécialement à la région où l'on parle aujourd'hui le basque, et qui ne formait qu'une très-petite partie de la Novempopulanie; c'est dans ce cas seulement qu'ils seraient valables; s'ils se bornaient à établir que le latin était la langue de la Novempopulanie en général, ils ne nous apprendraient rien que ce qui est universellement connu; j'ajoute que quand même ils se rapporteraient particulièrement à notre pays basque, ils pourraient encore n'être pas décisifs, car il peut très-bien se faire que le latin fût employé partout comme langue officielle — comme aujourd'hui le français — sans que le peuple eût cessé pour cela de parler la langue aquitaine. J'ai donc lieu de croire que les raisons invoquées par M. Bladé à l'appui de sa conclusion n'étaient pas suffisantes, et que le nouvel ordre de preuves que j'apporte aujourd'hui ne sera pas sans utilité.

Je me suis efforcé de démontrer que l'introduction de la langue basque en France ne date que de l'invasion des Vascons. Cela n'implique pas nécessairement l'idée qu'à cette époque la langue aquitaine eût complétement disparu sous le latin, ou plutôt sous cette langue en voie de décomposition qui n'était déjà plus le latin et qui n'était pas encore le béarnais. Il se peut que le peuple n'eût pas encore entièrement oublié sa vieille langue aquitaine, tombée à l'état de patois. On sait qu'au Ve siècle, dans les parties les plus romanisées de la Gaule, le peuple des campagnes parlait toujours le gaulois. Qu'au pied des Pyrénées, un ou deux siècles plus tard, la langue des aïeux ne fût pas encore tout à fait effacée, il n'y a rien là que de vraisemblable. S'il en était ainsi, cette circonstance était de nature à faciliter singulièrement l'installation de la langue vasconne, dont l'aquitain ne différait pas beaucoup. Là où les Vascons établirent et maintinrent définitivement leur domination, le vieil aquitain renaquit dans le basque; il n'eut pour cela qu'à se transformer ; tandis qu'en dehors de la Vasconie, étouffé par le béarnais, il continua à dépérir et disparut enfin complétement. Tout cela est possible, mais n'est qu'accessoire. Le vrai problème consiste à chercher si les dialectes du pays basque français sont d'origine aquitaine, ou d'origine ibérienne, et les diverses raisons que j'ai invoquées me paraissent déposer victorieusement en faveur de cette dernière opinion.

§ 3. Répartition actuelle et carte de la langue basque

Entrons maintenant dans le domaine des faits modernes. Par la communauté du langage, des mœurs, des traditions, les Basques des deux versants, malgré la différence de leurs caractères crâniologiques, et en dépit de la frontière politique qui les sépare depuis longtemps, ne forment en réalité qu'un seul peuple au point de vue ethnographique (qu'on ne confondra pas avec le point de vue anthropologique). Cela suffit déjà pour qu'il soit important de déterminer les limites géographiques de ce peuple. La langue qu'il parle, dernier et précieux débris des langues autochthones de l'Europe, est appelée sans doute à subir tôt ou tard le sort de ses congénères ; elle ne pourra lutter bien longtemps avec le français et le castillan, qui déjà ont pénétré dans les villes, et qui de là rayonneront peu à peu sur les campagnes. Dans quelques siècles, ce ne sera plus qu'une langue morte, connue seulement de quelques savants, qui auraient le droit de se plaindre de nous, si nous ne leur faisions pas connaître l'état actuel des choses. Cette langue qui, par elle-même et par ses congénères, avait autrefois une grande extension, a été refoulée, confinée dans une région très-restreinte ; mais recule-t-elle encore ? En certains points, elle a, depuis cinquante ans, perdu beaucoup de terrain ; ailleurs, au contraire, ses limites semblent stationnaires. Le sont-elles réellement ? On ne pourra le savoir qu'en comparant ces limites entre elles à deux époques différentes, et pour que nos successeurs puissent faire cette comparaison, nous devons leur en fournir le premier terme. Le peuple basque, seul représentant d'un ordre de choses partout ailleurs effacé, tient une place importante dans tous les traités d'ethnologie et d'ethnographie ; mais quelle est sa force numérique ? Ce renseignement, qui serait si utile, n'a pu être obtenu jusqu'ici qu'approximativement, parce qu'aucune statistique n'est possible là où manque la base géographique (1).

J'espère donc que l'essai que je publie aujourd'hui ne paraîtra pas inutile. M. Francisque Michel a donné, en 1857, dans une note de son livre sur *le pays basque* (p. 2), la liste des localités qui limitent, en France, le domaine de la langue basque, liste assez exacte, quoique incomplète. Je trouve, en outre, dans une note de l'ouvrage de M. Bladé (2), une liste publiée à Bayonne, en 1853, par M. Archu, et contenant l'énumération des communes françaises où l'on parle basque. Ce dernier document m'aurait été d'un grand secours si je l'avais connu avant d'entreprendre mes recherches ; il laisse échapper plusieurs détails importants, en ce qui concerne surtout l'enclave béarnaise de la Bastide-Clairence, mais je m'empresse de reconnaître que les faits déjà publiés font connaître assez exactement l'extension de la langue basque en France. J'ai lieu de croire, au contraire, que les limites de cette langue en Espagne n'ont été indiquées jusqu'ici par aucun auteur; c'est une lacune fâcheuse, et j'ai eu l'occasion de m'en entretenir avec M. Madoz, dont le témoignage a ici une grande autorité, car on sait que ce célèbre homme d'État est l'auteur de l'ouvrage le plus complet qui existe sur la géographie de l'Espagne. Je crois donc pouvoir présenter comme entièrement neuve cette partie de mon travail.

Il y a déjà plus de dix ans que j'ai conçu le projet de dresser, ou du moins d'ébaucher une carte de la langue basque. Je m'occupai d'abord de la partie française de cette carte, avec le concours de deux personnes qui connaissent bien la Vasconie française ; M. Elisée Reclus, le savant géographe, et mon honorable confrère et homonyme, le docteur Honoré Broca. M. Élisée Reclus, qui a passé à Orthez une grande partie de sa jeunesse, et qui a maintes fois exploré en tous sens le département des Basses-Pyrénées, voulut bien me fournir les premiers renseignements,

---

(1) D'après M. Francisque Michel, le nombre des Basques espagnols serait d'environ 700,000 (*le Pays basque*, Paris, 1857, in-8º, p. 5). Mais M. Elisée Reclus réduit ce nombre a environ 450,000, en ajoutant à la population totale du Guipuzcoa et de la Biscaye le quart de la population de la Navarre et de l'Alava. Cette dernière évaluation me paraît plus exacte que l'autre, mais elle n'est évidemment qu'approximative, et pourrait très-bien laisser place à une erreur de 100,000 (*Revue des Deux-Mondes*, 15 mars 1867). Les évaluations sont moins contradictoires pour ce qui concerne les Basques français, dont le nombre serait de 140,000 suivant M. Francisque Michel, et de 120,000 seulement suivant M. Elisée Reclus.

(2) Bladé, *Etudes sur l'origine des Basques*. Paris, 1869, in-8º, p. 246.

et M. Honoré Broca, qui est né à Oloron, à quelques kilomètres du pays basque, me donna des indications très-précises sur la limite orientale de ce pays. Je pus ainsi dresser une carte assez détaillée, que je présentai en 1864 à la Société d'anthropologie. Elle était toutefois trop imparfaite encore pour être publiée. Je me bornai donc à la déposer dans les archives de la Société, mais j'insérai dans les *Bulletins* une note de quelques pages, où j'indiquai le nom des principales localités sur lesquelles passe la ligne de démarcation du basque et du béarnais (1). Trois ans après, pendant un séjour d'un mois que je fis à Saint-Jean-de-Luz, je pus réviser ma première carte, et y introduire quelques corrections, avec le concours du docteur Argelliès, qui me procura, en outre, la liste de toutes les paroisses de France où la prédication se fait en langue basque. Cette liste précieuse, dressée à l'évêché de Bayonne, m'a été d'un grand secours. Mais il me restait encore quelques doutes sur la partie de la limite basque qui se développe, entre Urcuit et Bidache, sous la forme d'une sinuosité très-irrégulière. Là, à trois lieues environ au sud de l'Adour, existe, autour de la Bastide-Clairence, bourg de 1,600 âmes, un petit territoire de langue béarnaise qui paraissait former un îlot perdu au milieu du pays basque. Cette petite anomalie demandait une étude spéciale dont les résultats sont consignés sur l'annexe de la carte principale. Je suis redevable à M. Camino, maire de Briscous, des documents très-détaillés et très-précis qui ont établi que le territoire de la Bastide-Clairence ne forme pas un îlot, mais une presqu'île, reliée au pays béarnais par une étroite bande de terre béarnaise.

La partie espagnole de la carte m'a offert plus de difficultés. En France, la démarcation de la langue basque est brusque et peut être indiquée par une seule ligne ; mais en Espagne, il en est tout autrement. Entre le territoire où l'on ne parle que le basque et celui où on ne parle que le castillan, existe une zone intermédiaire, parfois assez large, où le peuple parle à la fois les deux langues. Cette circonstance nécessite l'emploi de deux lignes, rend les informations beaucoup plus difficiles, expose à recevoir des renseignements contradictoires, et complique singulièrement le travail.

Déjà en 1864, après avoir achevé ma première ébauche de la

(1) *Bull. de la Soc. d'anthropologie*, 1re série, t. V, p. 819-823, 1864.

carte de la Vasconie française, j'avais écrit à mon ami le professeur Velasco, de Madrid, qui possède une propriété à Zaraus, dans le Guipuzcoa, pour le prier de recueillir des documents sur la répartition de la langue basque en Espagne. En 1867, j'allai le joindre à Zaraus. Il me mit en rapport avec MM. les docteurs Otaño et Carrion, de Saint-Sébastien. Nous ne pûmes alors tracer qu'une esquisse incomplète; mais après mon départ, ces messieurs complétèrent leurs renseignements. La partie qui concerne la province de Navarre fut faite principalement par M. Carrion. M. Velasco, quelques mois après, me fit parvenir trois grandes cartes très-détaillées de la Navarre, de l'Alava et de la Biscaye, sur lesquelles étaient marquées, par des signes différents, les localités où le peuple ne connaît que le basque et celles où il parle en outre le castillan. La carte était dès lors à peu près terminée. Il restait toutefois quelques points douteux, surtout dans la partie de l'Alava qui avoisine Orduna. Pour dissiper ces doutes, je me proposais de faire un nouveau voyage en Espagne; la guerre de 1870 et plus tard l'insurrection carliste m'en ont empêché; mais M. le docteur Cazenave de Laroche, de Pau, membre de la Société d'anthropologie, a bien voulu recueillir pour moi les renseignements qui me manquaient encore. Médecin d'une des stations thermales les plus fréquentées des Pyrénées, il se trouve en relations avec un grand nombre de personnages de la Vasconie espagnole; il connaît, en particulier, plusieurs habitants d'Orduna, et c'est ainsi qu'il a pu m'aider à tracer la ligne de démarcation du castillan dans la partie occidentale de l'Alava.

Je ne saurais exprimer trop vivement ma reconnaissance aux nombreux collaborateurs que je viens de citer, et particulièrement à mon excellent ami Velasco; mais par cela seul que j'ai puisé mes informations à des sources très-diverses, je dois ne présenter qu'avec réserve le travail d'ensemble que je donne aujourd'hui. Plus d'une fois, en effet, surtout dans la partie espagnole de la carte, je me suis trouvé en présence de renseignements quelque peu contradictoires. J'ai dû alors opter en faveur de la solution la plus probable, et je serais bien surpris si je n'avais commis quelques erreurs; mais j'ai lieu d'espérer que ces erreurs ne sont pas très-graves.

En communiquant à la Société d'anthropologie, le 9 janvier 1868, quelques-uns des résultats de mon dernier voyage en

Vasconie, j'avais promis de publier prochainement la carte de la langue basque (1), mais il me restait encore quelques doutes à éclaircir, et, pendant que je m'en occupais, j'appris une nouvelle qui me décida à suspendre mon travail. Dans la séance du 2 juillet 1868, M. d'Abbadie annonça à la Société d'anthropologie que le prince Louis-Lucien Bonaparte, si connu par ses travaux sur la langue basque, faisait graver une grande carte où étaient indiquées non-seulement la répartition de la langue basque, mais encore celle de ses divers dialectes. Toutefois, l'auteur de cet important travail voulait, avant de le livrer à la publicité, vérifier certains détails, et attendait l'occasion de faire un nouveau voyage dans le pays basque. J'espère que le public ne tardera pas à profiter de ces recherches, faites par un homme si compétent; mais les années se sont écoulées, et la question est toujours en suspens. Je me décide donc aujourd'hui à publier un travail que j'avais remis dans mes cartons quand je le croyais inutile, et qui pourra rendre quelques services, en attendant que l'œuvre plus étendue, plus complète, et sans doute aussi plus exacte du prince Louis-Lucien Bonaparte, soit mise en circulation.

La Vasconie espagnole comprend toute la province du Guipuzcoa, presque toute la Biscaye, une grande partie de la Navarre, et un peu plus du quart de la petite province d'Alava. La Vasconie française forme un peu moins de la moitié du département des Basses-Pyrénées; elle comprend presque tout l'arrondissement de Bayonne et la plus grande partie de l'arrondissement de Mauléon. Elle se divisait autrefois en trois petites provinces qui étaient, en allant de l'ouest à l'est, le Labourd (2), la Basse-Navarre et la Soule. Ces noms, encore usités dans le pays, n'ont plus aujourd'hui d'acception géographique bien déterminée, les limites des territoires qu'ils désignent étant indécises.

Il serait superflu d'indiquer ici l'étendue actuelle du pays basque et de décrire le trajet de la ligne qui le limite. On trouvera ces indications sur la carte. Mais je dois revenir, en terminant, sur certains faits que j'ai déjà mentionnés en passant et qui méritent quelque attention.

En Espagne, le pays basque se compose de deux parties, un

(1) *Bull. de la Soc. d'anthropologie*, 2e série, t. III, p. 7, 1868.
(2) On écrit souvent Labour, mais ce nom étant dérivé de Lapurdum, ancien nom de Bayonne, doit s'écrire Labourd.

massif central, où le peuple ne parle et ne connaît que le basque, et une zone intermédiaire, où l'on parle à la fois le basque et le castillan. Cette zone, assez large à l'est et à l'ouest, se rétrécit beaucoup aux environs de Vitoria et s'atténue bien plus encore au nord-est de Pampelune, où elle est à peu près nulle. Elle appartient incontestablement au pays basque. Le castillan, qu'on y comprend et qu'on y parle, y a pénétré par infiltration, et à une époque qui ne peut être très-ancienne, puisque les noms de lieux y sont basques, à peu d'exception près.

Cette partie du pays basque ne tardera certainement pas beaucoup à devenir castillane. A chaque nouvelle génération, le castillan, langue officielle de l'État, langue des affaires politiques, administratives, commerciales, que tout le monde connaît déjà, que tout le monde a intérêt à parler, deviendra de plus en plus usuelle, et tout permet de croire que notre ligne extérieure se resserrera peu à peu en reculant vers le nord. Ce ne sera, du reste, que la continuation d'un mouvement qui s'est effectué, depuis le commencement de ce siècle, suivant la même direction.

La courbe largement et profondément déprimée que la ligne basque décrit autour de Pampelune, capitale de la Navarre, fait naître immédiatement l'idée que cette ville importante, une fois convertie à la langue officielle, a exercé sur le territoire environnant une sorte de rayonnement favorable à la marche progressive du castillan. Ce résultat ne saurait être très-ancien, car Esteban de Garibay, historien espagnol du xvie siècle, rapporte que de son temps on parlait le basque dans toute la *merindad* (juridiction) de Pampelune. M. Francisque Michel, à qui j'emprunte cette citation (1), met le fait en doute en se basant sur l'interprétation quelque peu arbitraire de la chronique d'Anelier. « Le chroniqueur, dit-il, fait à chaque instant parler des bourgeois de Pampelune et des gens du peuple dans la guerre civile de 1276, et ne donne pas même à supposer qu'en fait de langue courante, il soupçonnât l'existence d'une langue autre que la sienne. » La conclusion me paraît forcée; il est tout naturel que le chroniqueur ait tout écrit dans sa propre langue. J'ai lu une histoire de la guerre des Cévennes où tous les discours des Cévenols sont en français, quoiqu'on sache bien que les Cévenols parlent la langue d'Oc. D'ailleurs, quand même la ville de Pam-

---

(1) Fr. Michel, *le Pays basque*, p. 3.

pelune n'aurait connu, au xiii⁰ siècle, qu'un dialecte espagnol, cela ne prouverait nullement qu'il en fût de même dans les campagnes environnantes; et il n'y a rien là qui puisse infirmer le témoignage de Garibay.

Mais nous pouvons nous passer de ce témoignage. Il n'est pas besoin de se reporter au xvi⁰ siècle, il suffit de remonter une ou deux générations pour constater le refoulement de la langue basque. Je tiens de deux sources différentes que quelques familles parlaient encore cette langue, il y a une soixantaine d'années, à Puente-de-la-Reina, ville située aujourd'hui en dehors de la ligne basque, à cinq lieues au sud de Pampelune. M. Francisque Michel a recueilli un renseignement plus important encore. Un navarrais d'Olite lui avait assuré que, dans son enfance, il avait parlé le basque, à Olite même, avec ses petits camarades. Le fait a été publié en 1857, comme remontant à trente-cinq ou quarante ans; il n'y a donc pas soixante ans qu'on a cessé de parler le basque à Olite. Or, cette ville, située à 10 lieues au sud de Pampelune, se trouve maintenant à 7 lieues du point de la ligne basque qui s'en rapproche le plus. Ce déplacement considérable, effectué en un demi-siècle, n'était sans doute pas à son début. Dans l'espace triangulaire compris entre notre ligne basque, la rive gauche de l'Èbre et la rive droite de l'Aragon, les noms de lieux basques sont extrêmement fréquents, tandis qu'au delà de ces deux rivières ils ne sont plus qu'exceptionnels. Il est donc fort probable que la langue basque s'étendait, il y a peu de siècles, jusqu'à cette limite, et qu'elle y était stationnaire depuis très longtemps, peut-être même depuis l'époque romaine. Je me figure volontiers que l'Èbre et l'Aragon furent les remparts naturels à l'abri desquels les *Vascones* et leurs alliés purent continuer leur résistance, et se soustraire à la domination romaine sinon d'une manière absolue, du moins à un degré suffisant pour conserver leur langue et leur nationalité, pendant que le reste de la péninsule subissait le joug et adoptait la langue des vainqueurs. Mais ces remparts, bons pour la défense militaire, ne pouvaient rien contre l'infiltration pacifique des idées, des mœurs, des intérêts, et lorsque, après l'expulsion totale des Mores, l'unité espagnole fut constituée, lorsque les provinces basques, sans perdre entièrement leur autonomie, furent fondues dans une grande et puissante monarchie, la langue castillane s'y introduisit paisiblement, de proche en proche, et empiéta graduellement sur la vieille langue ibérique. — Les idées que l'on peut se faire sur les frontières de la langue basque depuis l'époque romaine jusqu'à la fin du moyen âge sont conjecturales sans doute ; mais ce qui est certain, c'est que, dans les temps modernes, la langue basque a beaucoup reculé et qu'elle recule encore devant l'invasion graduelle du castillan.

Il y a toutefois, dans le nord-est, une petite région où la limite de la langue basque paraît n'avoir subi, pendant et après le moyen âge, aucun déplacement. Là, dans un espace de 7 à 8 lieues, une crête montagneuse, se détachant du massif des Pyrénées pour se diriger vers le sud-ouest, entre la vallée de Roncal, qui est basque, et la vallée d'Ansó, qui est espagnole, sépare aujourd'hui les deux provinces de Navarre et d'Aragon, comme elle séparait autrefois les deux royaumes du même nom. Il n'existe aucune preuve que la vallée d'Ansó ait jamais été navarraise, ni qu'on y ait parlé le basque dans les siècles qui ont précédé le nôtre. Cette limite du basque est donc très-ancienne, et il est permis de penser qu'elle date de l'époque romaine. Une chaîne de montagnes, rendant les communications difficiles, oppose à la propagation d'une langue une barrière bien autrement efficace que des rivières comme l'Èbre et l'Aragon ; c'est pour cela sans doute qu'à ce niveau la langue basque a jusqu'ici maintenu sa limite ; mais elle ne paraît pas devoir la conserver bien longtemps encore, car déjà la langue espagnole, remontant de village en village, le long du cours de l'Ezca, affluent de l'Aragon, a gagné toute la vallée de Roncal, où on la parle en même temps que le basque. Pareille infiltration s'est effectuée du sud au nord le long du Salazar, de l'Irati, autres cours d'eau tributaires de l'Aragon ; dans toute cette région, qui fait partie de notre zone intermédiaire, on peut dire que la langue basque est en voie d'extinction.

En France, les choses se passent tout autrement. La limite de la langue basque y est beaucoup plus irrégulière ; elle décrit parfois des sinuosités rapides, étroites et profondes, et il ne semble guère probable qu'une limitation aussi bizarre soit l'effet d'un empiétement graduel dans un sens ou dans un autre. Ce qui prouve d'ailleurs que cet état des choses est permanent, c'est l'absence totale d'une zone intermédiaire analogue à celle que l'on observe en Espagne. La démarcation est brusque ; tous les villages, tous les hameaux de la lisière sont purement basques ou purement béarnais. Il n'y a à cette règle qu'un très-petit nombre d'exceptions ; je n'en connais que trois, qui m'ont été signalées par mon confrère, M. Honoré Broca, et qui concernent les trois villages de Tardetz, de Montory et de Licq, dans la partie supérieure de la vallée de Mauléon. Dans ces trois villages, qui se suivent sur notre ligne à quelques kilomètres de distance, un certain nombre d'habitants sont Béarnais, et parlent le béarnais en même temps que le basque. Mais mon honorable homonyme ajoute que cet état de choses est déjà ancien, et que le béarnais ne fait aucun progrès parmi ces populations mi-parties.

De l'absence d'une zone intermédiaire, on peut conclure avec certitude que la limite du basque et du béarnais est stationnaire depuis très-longtemps ; et dans le fait, on ne connaît aucune localité où, de mémoire d'homme, l'une de ces langues se soit substituée à l'autre.

Au sud-ouest de Bayonne, notre ligne basque laisse au-dessus d'elle un territoire triangulaire que limitent d'autre part l'Adour et la mer. Ce territoire, où se trouvent Biarritz et Anglet, appartenait autrefois au Labourd, terre basque, mais on y parle le béarnais. A voir sur la carte la disposition des lieux, on est tenté de croire que la ligne basque devait autrefois suivre le cours de l'Adour jusqu'à son embouchure, et qu'elle a été ensuite refoulée par le béarnais. Cela est fort probable ; il est certain toutefois qu'elle est stationnaire au moins depuis le XVIe siècle, puisqu'il existe une ordonnance de Charles IX, portant qu'à l'avenir les gens d'Anglet et de Biarritz ne seront plus admis à faire leurs actes publics en béarnais, et qu'ils seront tenus de les faire en français. Or Anglet touche presque la frontière actuelle du pays basque ; il est donc prouvé que celle-ci est restée complétement immobile depuis au moins trois siècles (1).

La disposition que présente la ligne basque entre Urcuit et Bidache date certainement aussi d'une époque très-ancienne. De Bayonne à Urcuit, cette ligne suit la rive gauche de l'Adour, puis elle se réfléchit subitement vers le sud, contourne le territoire de la Bastide-Clairence, revient toucher l'Adour, et s'en écarte alors définitivement pour se diriger vers le sud-est. La langue

(1) Thore mentionne, en outre, une transaction passée, en 1523, entre le bourg d'Anglet et la ville de Bayonne, et écrite en langue gasconne (Francisque Michel, *le Pays basque*, p. 3, en note), et comme la ville de Bayonne écrivait déjà ses actes en français, on peut en conclure que le gascon était la langue du bourg d'Anglet.

béarnaise pénètre ainsi dans le pays basque, en formant un cul-de-sac profond, dont la base, appuyée sur l'Adour, comprend la petite ville d'Urt et une dizaine de villages (ou de hameaux), dont le fond comprend le territoire de la Bastide-Clairence, avec dix-huit villages, et dont la partie moyenne, extrêmement rétrécie, se réduit en quelque sorte à une traînée de petits villages, distants les uns des autres de 1 à 2 kilomètres tout au plus, et rangés presque en ligne droite entre Urt et la Bastide-Clairence.

Cette disposition remarquable ne peut évidemment pas être la conséquence de l'empiétement graduel du béarnais, non plus que du basque. On ne peut l'attribuer qu'à un fait politique, remontant à l'époque où les peuples qui parlaient ces deux langues se disputaient le sol. La Bastide-Clairence, ainsi que son nom l'indique, était une ville forte; on y voit encore les restes de son ancienne et puissante forteresse, dont le maître pouvait aisément tenir en respect les lieux d'alentour. En tirant de là vers le nord, on rencontre, un peu au-dessous de Urt, en terre béarnaise, un autre lieu appelé *Bastide* (voir l'annexe de la grande carte). Cela veut dire qu'il y avait là une seconde forteresse, qui était séparée de la première par une distance d'environ 2 lieues (1). Or, c'est précisément entre ces deux points fortifiés, et sur une ligne presque droite, que sont échelonnés les petits villages ou hameaux qui relient seuls à la terre béarnaise le territoire de la Bastide-Clairence, et il est évident que c'est par là que les deux *bastides* communiquaient l'une avec l'autre.

Pour expliquer cet état de choses, on peut faire deux hypothèses. On peut se demander en premier lieu s'il ne daterait pas de l'époque de la conquête vasconne, au VIIe siècle. On comprendrait qu'une ville forte eût pu résister à l'invasion, qu'elle eût préservé en même temps le territoire voisin, et que, grâce à la seconde Bastide, elle eût maintenu ses communications avec l'Adour. Mais cette première hypothèse me semble peu probable. Je suppose plutôt que la Bastide-Clairence est devenue béarnaise, pendant le moyen âge, par suite d'un retour offensif des populations cispyrénéennes, que les Vascons avaient autrefois subjuguées.

J'ai déjà eu l'occasion de dire que les Vascons, peu d'années après leur invasion en Novempopulanie, se trouvèrent aux pri-

---

(1) Il y a en outre, sur la route qui mène de Bidache à Orthez, une troisième Bastide, dite de Béarn, qu'on ne confondra pas avec les deux autres.

ses avec les rois mérovingiens, qui étendaient, sinon leur domination, du moins leurs prétentions jusqu'aux Pyrénées. Après avoir repoussé ou détruit plusieurs armées franques, ils furent défaits par les forces réunies des rois Thierry II de Bourgogne et Théodebert II d'Austrasie ; mais ils ne furent pas dépossédés. Ils conservèrent le territoire conquis, à la condition de reconnaître la suprématie du roi de Bourgogne et d'accepter de sa main un duc, nommé Génialis. Cet événement eut lieu dans les premières années du VIIe siècle. On ne connaît pas exactement l'étendue du territoire qui se trouva ainsi cédé aux Vascons ; mais on sait qu'ayant bientôt secoué le joug, ramenés plusieurs fois à l'obéissance, et toujours révoltés de nouveau, ils profitèrent de la lutte allumée dans le nord, entre la Neustrie et l'Austrasie, pour s'emparer de toute la Novempopulanie, non-seulement jusqu'à l'Adour, mais encore jusqu'à la Garonne (1). Le nom de Novempopulanie fut alors remplacé par celui de *Vasconia* (2), Vasconie ; et lorsque Charlemagne, au retour de son expédition d'Espagne, rétablit le royaume d'Aquitaine en faveur de son fils Louis (le Débonnaire), âgé de trois ans, il y rattacha la Vasconie, divisée en deux parties, la Haute et la Basse-Vasconie.

La *Basse-Vasconie*, comprise entre la Garonne et l'Adour, accepta sans difficulté le duc institué par Charlemagne. L'influence des Vascons y avait été purement politique et d'ailleurs passagère ; elle n'avait agi ni sur les mœurs ni sur la langue, qui était restée gallo-romaine, et elle ne laissa après elle d'autre trace que le nom même de Vasconie, bientôt changé en *Gasconie* ou *Gascogne*. Mais la *Haute-Vasconie* fut plus rebelle au nouvel ordre de choses. Ce fut en vain que Charlemagne essaya de la satisfaire en lui donnant pour chef l'un des fils de l'ancien duc des Vascons ; elle chassa promptement ce représentant de l'autorité royale et n'obéit plus qu'à des ducs de son choix.

La Haute-Vasconie s'étendait à l'est, au pied des Pyrénées, jusqu'aux sources de la Garonne, à l'ouest jusqu'au golfe de Gascogne, au nord jusqu'à l'Adour. Tout ce territoire reconnut d'abord l'autorité des ducs vascons, mais il renfermait des éléments ethniques disparates, qui ne pouvaient rester longtemps

---

(1) Il ne paraît pas que les Vascons aient eu à lutter longtemps contre les peuples de la Novempopulanie. Le sentiment dominant chez les Novempopulaniens, c'était la haine des Francs, et les ducs des vaillants Vascons, toujours prêts à prendre les armes contre les rois du Nord, furent acceptés comme les chefs de la résistance nationale.

(2) Frédégaire écrit *Vuasconia*.

unis. La partie orientale, où les Vascons n'étaient qu'en petit nombre, et où le peuple parlait ce latin dégénéré qui est devenu le béarnais, ne tarda pas à se détacher pour constituer le Comminge, le Bigorre et le Béarn. La partie occidentale seule resta vasconne ; les Vascons, qui y étaient établis depuis le vi⁰ siècle, furent assez nombreux, assez puissants pour y maintenir leur nationalité, leur langue et leur nom d'où est venu celui de Vasques ou de *Basques*.

Ainsi, par un léger changement de la consonne initiale, différemment prononcée au nord et au sud de l'Adour, le nom des anciens Vascons a engendré d'une part celui des Gascons, et d'une autre part celui des Basques. Je signale ce fait aux ethnologistes qui attachent aux noms des peuples une importance trop exclusive ; car les Gascons, à qui un accident politique a fait transmettre le nom des anciens Vascons, n'ont absolument rien de commun avec eux, ni le sang, ni les mœurs, ni la langue. Si l'on ne savait que deux choses, savoir : qu'il y a eu autrefois des Vascons, et qu'il y a aujourd'hui des Basques parlant le basque, et des Gascons parlant le gascon, hésiterait-on un seul instant à admettre que les Gascons sont plus Vascons que les Basques eux-mêmes, et que la langue gasconne, ce patois néo-latin, est la vraie langue vasconne ? Grâce aux renseignements de l'histoire et à la connaissance des faits actuels, personne n'a été tenté de commettre une erreur aussi grossière ; mais ne doit-on pas craindre de commettre une erreur de même nature, lorsqu'on considère comme des Celtes les anciens peuples ibériens qui portaient des noms celtiques, et lorsqu'on en conclut en outre qu'ils parlaient des langues celtiques ?

La séparation des Béarnais et des Basques s'effectua quelques années après la mort de Charlemagne. Après avoir, d'abord comme roi d'Aquitaine, puis comme empereur des Francs, réprimé, non sans peine, plusieurs insurrections générales de la Haute-Vasconie, Louis le Débonnaire reconnut la nécessité de diviser la puissance des Vascons. Laissant donc la Vasconie occidentale se gouverner à sa guise, il partagea la partie orientale entre deux jeunes fils de Loup Centule, dernier duc des Vascons. Il donna à l'un d'eux, Donat-Loup, le comté de Bigorre, et à l'autre, Centule, la vicomté de Béarn. Ces deux fiefs, créés par l'autorité impériale, ne restèrent pas toujours fidèles à la dynastie carlovingienne (on vit plus tard, par exemple, le Béarn rendre hommage au roi d'Aragon); mais l'ancienne union vasconne était brisée pour toujours, et les Vascons proprement dits, ne possédant plus que la Vasconie occidentale, se rattachèrent politiquement aux Vascons d'Espagne, qui venaient de constituer le royaume de Navarre.

Il est fort probable que la circonscription de la langue basque en France date de cette époque. La ligne de démarcation actuelle du basque et du béarnais correspond assez exactement à la limite orientale de la vicomté de Béarn. Ainsi, on peut voir sur la carte que le territoire basque s'étend à l'est jusqu'à Esquiule, qui est à 6 kil. seulement de la ville d'Oloron. Or, le territoire d'Oloron formait, au xie siècle, une petite vicomté qui fut définitivement incorporée, en 1080, à la vicomté de Béarn; le vicomte de Béarn, Centule IV, reconstruisit la ville d'Oloron, qui avait été ruinée par les Normands, et lui octroya des priviléges spéciaux dans une charte que l'on possède encore, *et qui est écrite en langue béarnaise*. Il est donc certain que, dans cette localité, la langue basque n'a pas sensiblement reculé depuis lors.

A 6 ou 7 lieues au nord de cette même ville d'Oloron, sur le même gave, se trouve, en terre béarnaise, la ville de Navarreins, séparée de notre ligne basque par un espace de 8 à 10 kilomètres seulement. Le territoire de Navarreins faisait partie, au xe siècle, de l'apanage des ducs de Gascogne, et donna lieu à des démêlés entre ceux-ci et leurs voisins les vicomtes de Béarn, si bien qu'un jour le duc Guillaume Sanche se débarrassa de son rival Gaston I de Béarn en le faisant assassiner à Morlaas, par un de ses chevaliers (en 962). Or, le duché qu'on appelait alors la Gascogne et qui se composait des trois comtés de Bazas, de Fézensac et de Lectoure, avait été institué par Charlemagne sous le nom de Basse-Vasconie; c'était une terre française, obéissant aux rois carlovingiens. Ainsi au xe siècle, et probablement déjà au ixe siècle, Navarreins, quoique portant un nom basque, ne faisait pas partie du pays basque, et ici encore il est clair que notre ligne basque est restée à peu près stationnaire depuis l'époque carlovingienne.

Au nord-ouest, du côté de Bayonne, la stabilité de cette ligne est plus certaine encore. Il y a là, entre la rive gauche de l'Adour et la mer, un petit triangle de langue béarnaise qui n'a pas changé depuis le règne de Charles IX, ainsi qu'on l'a vu plus haut. Tout permet de croire que cet état de choses date de l'époque carlovingienne. L'ancienne ville de Lapurdum, détruite par les Normands au ıx⁰ siècle, et relevée ensuite sous le nom de Bayonne, fit probablement partie dès l'origine du duché de Basse-Vasconie ou de Gascogne. Les vrais Vascons, c'est-à-dire les Basques, convoitaient cette ville forte qui dominait l'embouchure de l'Adour et qui était obligée de se tenir toujours sur ses gardes. Vers l'an 900, saint Léon de Rouen, envoyé en Espagne par le pape pour exciter la guerre contre les musulmans, eut quelque peine à pénétrer dans Bayonne, dont les portes étaient fermées et gardées par la milice, afin de prévenir les attaques nocturnes des Basques; le territoire de ces derniers arrivait donc tout près de Bayonne, et c'est ce qui a lieu encore aujourd'hui, puisque la ligne basque passe à Saint-Pierre-d'Irube, qui n'est qu'un faubourg de Bayonne.

Ainsi la ligne basque actuelle correspond, sinon rigoureusement dans toutes ses parties, du moins dans ses contours généraux, aux limites du territoire que les Vascons indépendants avaient su soustraire au ıx⁰ siècle à l'autorité des rois carlovingiens et que circonscrivaient deux fiefs de la couronne de France, le duché de Gascogne au nord, la vicomté de Béarn à l'est. Mais cela ne veut pas dire que ce territoire n'ait jamais subi de remaniement partiel. La puissance du Béarn ne tarda pas à s'accroître, vers le nord, aux dépens des ducs de Gascogne, et devint menaçante pour les Basques. Au commencement du xıı⁰ siècle, Gaston IV, de Béarn, au retour de la 1ʳᵉ croisade, éleva des prétentions de suzeraineté sur la Soule, terre basque, l'envahit et obtint même du vicomte de Soule un serment de vasselage. La lutte s'établit ainsi entre les Béarnais, qui s'appuyaient alors sur l'Aragon, et les Basques qui s'appuyaient sur la Navarre. Les détails de cette lutte sont peu connus, mais il n'est pas nécessaire de les préciser pour comprendre que les limites du territoire basque aient pu subir çà et là quelques inflexions.

Ainsi s'explique la configuration singulière que présente la ligne basque vers le nord-est, et je suis disposé à croire que c'est à cette époque que le petit territoire de la Bastide-Clairence et le territoire d'Urt qui le relie à l'Adour devinrent terre béarnaise, soit que la Bastide, déjà fortifiée, ait été conquise et gardée par les Béarnais, ou que ceux-ci, ayant fait un jour une pointe dans le pays basque, aient construit, pour s'y maintenir, une forteresse qui leur donnait accès dans ce pays.

Quoi qu'il en soit, il me paraît certain que la circonscription actuelle de la langue basque en France remonte à une époque très-reculée, et qu'elle correspond exactement au territoire que les Vascons proprement dits possédaient au XII° siècle. La puissance de ces conquérants ibériques s'était étendue, sous les Mérovingiens, jusqu'à la Garonne ; elle commença à se démembrer sous Louis le Débonnaire ; puis, lorsque les institutions féodales et l'hérédité des fiefs prirent racine dans la région des Pyrénées, le démembrement devint définitif. La partie orientale de l'ancienne Vasconie se détacha pour former l'apanage des maisons de Bigorre et de Béarn. A cette époque, où le pouvoir des rois de France n'était plus que nominal dans le midi, où les ducs de Gascogne, quoique institués dans l'origine par Charlemagne, prétendaient « ne relever que de Dieu, » et où les vicomtes de Béarn, forts de l'appui des rois d'Aragon, se souciaient peu des chartes féodales de la France, à cette époque, dis-je, aucune autorité ne faisait obstacle aux empiétements de territoire ; mais à partir du XIII° siècle, lorsque la monarchie française étendit jusqu'aux Pyrénées sa domination effective, les limites des apanages devinrent plus stables, et c'est pour cela sans doute que la ligne de démarcation du béarnais et du basque n'a plus changé depuis.

Pourquoi ces deux langues adjacentes et engrenées pour ainsi dire l'une dans l'autre ne se sont-elles pas mêlées ? Les luttes nationales qui isolaient autrefois les intérêts et les langues des deux peuples ont cessé depuis longtemps ; des relations de bon voisinage, des communications continuelles se sont établies entre eux ; ils se sont fondus dans la grande unité française, et cependant ils sont toujours séparés par le langage comme ils l'étaient au moyen âge. Les deux idiomes restent en présence, sur une frontière invariable, sans qu'une infiltration réciproque ait créé entre eux la plus petite zone intermédiaire. Ce phénomène contraste singulièrement avec celui qu'on observe en Espagne, où le castillan, précédé d'une large zone bilingue, refoule continuellement la ligne basque. Il y a là une contradiction qui, au premier abord, peut paraître étrange, mais dont la cause est pourtant bien simple.

En Espagne, le basque se trouve aux prises, sur sa lisière, avec le castillan, dans des conditions d'infériorité que j'ai déjà fait ressortir et qui rendent inévitable l'empiétement graduel de cette dernière langue. Mais en France, la langue qui entoure le basque n'est pas, comme le castillan, une langue officielle, administrative, politique et littéraire; ce n'est qu'une idiome populaire, un vieux patois qui n'a aucune force expansive, qui est au contraire en voie d'extinction (1). Il n'y a aucune raison pour que ce patois supplante le basque, ni pour que le basque empiète sur lui. Les deux idiomes restent donc stationnaires, égaux dans leur faiblesse, et menacés l'un et l'autre par le français, qui les remplacera tôt ou tard. La langue que les Basques ont intérêt à apprendre, c'est le français. Tous ceux qui ont quelque instruction le connaissent déjà; tous les habitants des villes de quelque importance le parlent ou le comprennent. Chaque ville, chaque bourg, deviendra ainsi un foyer de diffusion ; il arrivera un moment où le basque ne sera plus parlé que dans les hameaux les plus isolés et dans les vallées les moins accessibles, et là même il finira par tomber en désuétude. Il périra donc sous l'influence d'une cause qui sans doute n'agira pas sur tous les points avec la même rapidité, mais qui agira partout à la fois. On ne le verra pas reculer pas à pas, comme il fait en Espagne, où le castillan l'envahit de proche en proche, car il n'est pas plus menacé sur sa lisière que dans le reste de son territoire. Il n'est pas dit toutefois que le basque doive se maintenir jusqu'à la fin dans ses limites

(1) M. Bladé m'a témoigné à cette occasion un intérêt dont je le remercie. Il m'a invité à ne pas répéter qu'il y a en France « une ligne de démarcation bien nette entre le basque et le *français* », ajoutant, pour mon instruction, que ce n'est pas le français, mais le gascon, qui confine à la langue basque (Bladé, *Etudes sur l'origine des Basques*, 1869, p. 254, note 5). Le passage incriminé se trouve effectivement à la page 7 des *Bulletins de la Société d'anthropologie* pour 1868, mais il est écrit au discours indirect, et M. Bladé, avec un peu plus d'indulgence, aurait reconnu qu'il a été rédigé par le secrétaire. Ce qu'il y a de plus curieux, c'est que la note où cet écrivain a bien voulu me donner ses conseils, se trouve au bas de sa page 254, où il m'a fait l'honneur de reproduire textuellement un long passage de ma première notice sur la répartition de la langue basque en France, publiée en 1864 dans les *Bulletins*. Or ce passage, qu'il cite entre guillemets, débute ainsi : « J'ai demandé à mes amis, dit M. Broca, s'ils avaient connaissance que le *patois béarnais* eût quelque peu empiété sur le basque dans des temps plus ou moins modernes. » Dans les lignes suivantes, il n'est question que du béarnais, et l'alinéa se termine par ces mots : « le béarnais ne fait aucun progrès dans ces populations mi-parties. » La citation s'arrête là, faute d'espace, sans doute ; on me permettra de la compléter. « Il est peu probable, en effet, qu'une langue populaire, qu'un simple patois comme le béarnais, puisse se substituer au basque. Le basque, je n'en doute pas, sera tôt ou tard supplanté, mais il fera place au français et non au béarnais, et il est probable qu'il ne disparaîtra pas en reculant peu à peu, mais qu'il dépérira partout à la fois comme nos patois méridionaux. » (*Bull. de la Soc. d'anthrop.*, 1864, t. V. p. 822.) Je me doutais donc déjà que les Béarnais parlaient le béarnais, et je soupçonnais même que leur patois était un dialecte gascon, peu différent de mon patois girondin, à l'aide duquel j'ai maintes fois lié conversation avec eux dans leur propre pays. Mais j'en suis bien plus sûr encore depuis que M. Bladé a eu la bonté de me le rappeler.

actuelles. Il est assez probable que le patois béarnais qui l'entoure disparaîtra avant lui, et qu'alors le français, venant presser directement sur la frontière basque, la refoulera peu à peu vers le sud, c'est-à-dire vers les Pyrénées, dont les hautes vallées seront probablement le dernier refuge de la plus ancienne langue de l'Europe.

EXPLICATION DES PLANCHES.

PLANCHES I ET II

Crânes des Basques français et des Basques espagnols.

Les figures, dessinées au stéréographe, ont été réduites au tiers de la grandeur naturelle à l'aide du pantographe. Les numéros entre parenthèses renvoient aux séries de crânes déposés dans le Musée de la Société d'anthropologie.

Pl. I. *Fig.* 1. Homme de Zaraus (n° 39 de la 1re série de Zaraus.)
Fig. 2. Femme de Zaraus (n° 18 de la même série).
Ces deux crânes représentent le type qui prédomine à Zaraus (province de Guipuzcoa).
Fig. 3. Femme de Saint-Jean-de-Luz (n° 4 de la série de Saint-Jean de-Luz), département des Basses-Pyrénées.
Ce crâne rentre dans le type des Basques de Zaraus.
Fig. 4. Homme de Saint-Jean-de-Luz (n° 25 de la même série).
Ce crâne participe à la fois des deux types de Zaraus et de Saint-Jean-de-Luz.

Pl. II. *Fig.* 5 et 6. Homme de Saint-Jean-de-Luz (n° 24 de la série).
Ce crâne représente le type pur de Saint-Jean-de-Luz.
Fig. 7. *Norma verticalis* de l'homme, n° 39 de Zaraus (voir fig. 1).
Fig. 8. — de la femme, n° 18 de Zaraus (voir fig. 2).
Fig. 9. — de l'homme, n° 25 de Saint-Jean-de-Luz (voir fig. 4).
Fig. 10. — de l'homme, n° 24 de Saint-Jean-de-Luz (voir fig. 5 et 6).

PLANCHE III.

Carte de la répartition de la langue basque en France et en Espagne.

La ligne pleine représente la limite actuelle de la langue basque.

La ligne ponctuée, qui n'existe qu'en Espagne, indique la limite du territoire où le peuple parle exclusivement le basque. Dans la zone comprise entre cette ligne et la ligne pleine, le peuple parle à la fois le basque et le castillan.

Dans le voisinage de ces lignes on a marqué tous les lieux sur lesquels on a obtenu des renseignements. Dans le reste de la carte on n'a marqué que les villes et bourgs de quelque importance.

L'orthographe des noms de lieux a été empruntée, pour la partie française, aux grandes cartes des conseils généraux, et pour la partie espagnole aux grandes cartes des provinces basques publiées par le colonel du génie Francisco Coello, avec le concours de don Pasquale Mado

---

Imprimerie Eugène HEUTTE et Cie, à Saint-Germain.

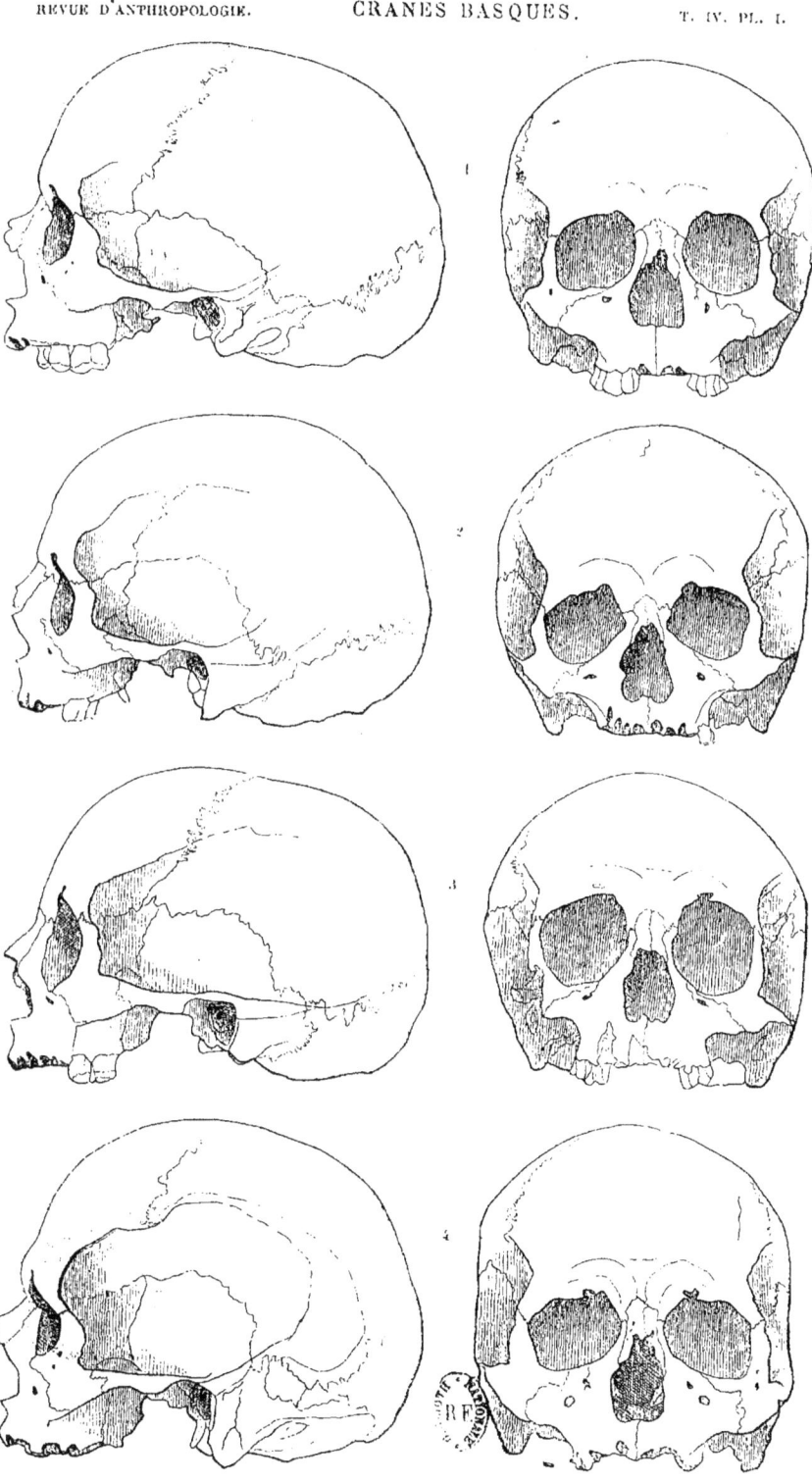

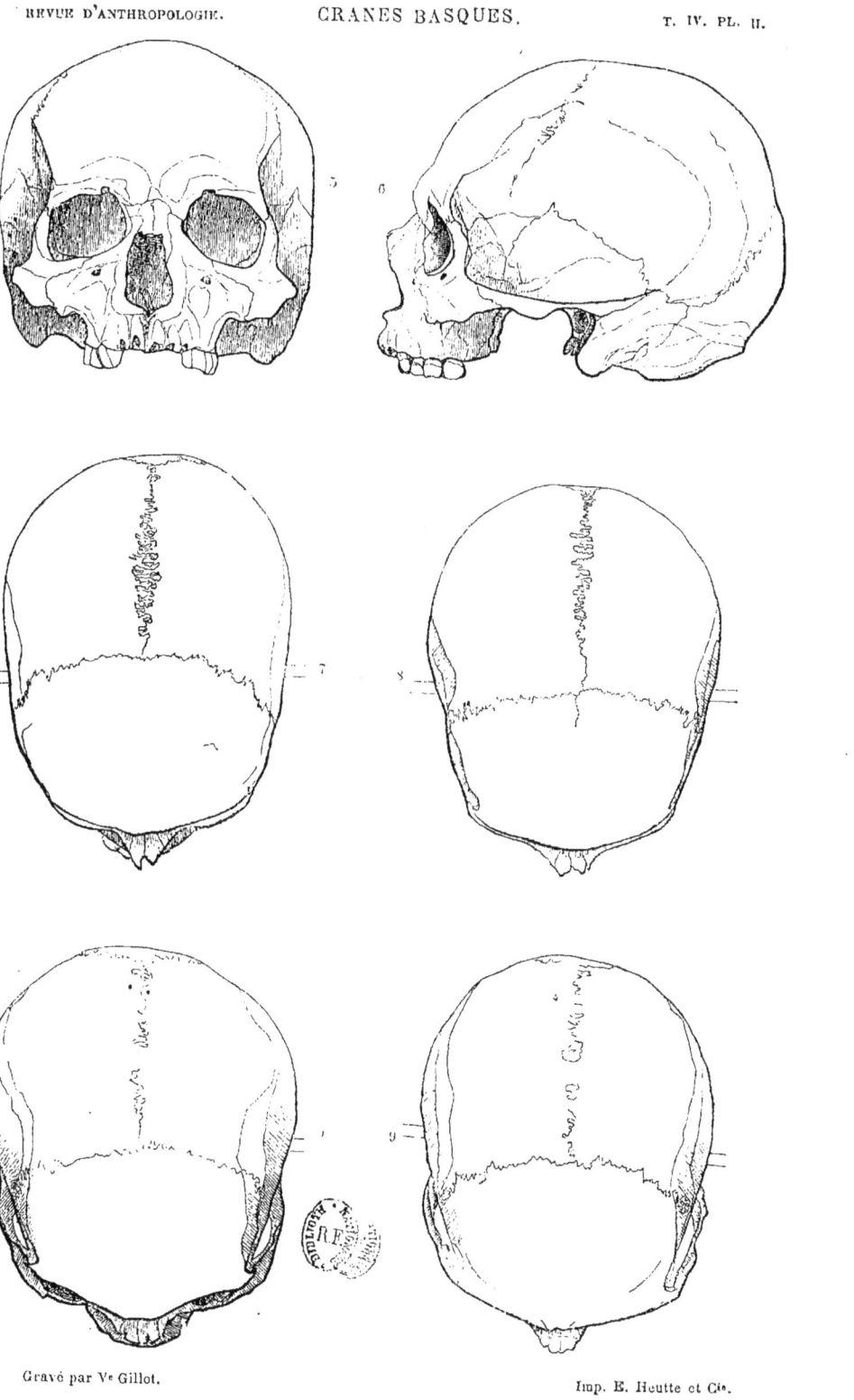